LUIZ CARLOS CARNEIRO
CAIO FULVIUS E CAIO MARCO (ESPÍRITOS)

O Mais Puro Amor...

(Continuação de "O Peregrino - Nos Tempos de Jesus Cristo")

LAKE - Livraria Allan Kardec Editora
(Instituição Filantrópica)
Rua Assunção, 45 - Brás - CEP 03005-020
Tel.: (011) 229.1227, 229.0526 e 227-1396
FAX: (011) 229.0935 e 227-5714
São Paulo - BRASIL

1ª Edição - do 1º ao 10º milheiros
Novembro - 1997

Nota: A LAKE é uma entidade sem fins lucrativos, cuja diretoria não possui remuneração.

Capa: Christof Gunkel

ISBN: 85-7360-114-0

LAKE - Livraria Allan Kardec Editora
(Instituição Filantrópica)
Rua Assunção, 45 - Brás - CEP 03005-020
Tel.: (011) 229.1227, 229.0526 e 227-1396
FAX: (011) 229.0935 e 227-5714
São Paulo - BRASIL

Dados Internacionais de Catalogação na Publicação (CIP)
(Câmara Brasileira do Livro, SP, Brasil)

Fulvius, Caio; (Espírito)

O Mais Puro Amor: Caio Fulvius e Caio Marco [psicografado por] Luiz Carlos Carneiro. — São Paulo, LAKE - 1997.

1. Espiritismo 2. Psicografia - I. Marco, Caio II. Carneiro, Luiz Carlos, 1932 - III. Título

97-4449 CDD 133.93

Índices para Catálogo Sistemático:

1. Espíritos: Comunicações mediúnicas: Espiritismo	133.93
2. Mensagens psicografadas: Espiritismo	133.93
3. Psicografia: Espiritismo	133.93

INDICE

1º Volume

2º Volume

“O mal que os homens fazem, vivem depois deles.

O bem, é quase sempre enterrado com seus ossos”

Shakespeare

(ver Július César)

“Há momentos em que **calar, é mentir”...**

Miguel de Unamuno

1º VOLUME

Capítulo I

O PESCADOR

— Marco, querido... Marco... acorda... Deitado no triclínio, onde fazia a sesta, Marco levantou-se a meio, batendo as pálpebras, e olhando para a esposa, perguntou enquanto a segurava pelo pulso:

— Lavínia, adorada...

— Calma, Tribuno... — disse ela sorrindo, mas aceitando a solicitação do marido que a puxava, deitando-se a seu lado — calma...

— Como ter calma, se sou acordado por um anjo? — E beijou a esposa. Ela se debateu, rindo e continuou:

— Querido...

— O que foi? Roma está sendo novamente atacada? — brincou ele.

— Não, amor de Lavínia, não...

— Fulvius fez mais uma das suas?

— Oh! Não, não, deixa-me falar.

Ele a puxou e beijou-lhe os lábios. Ela aceitou, mas logo em seguida, afastou-se.

— Marco — gritou fingindo cólera.

— O que há? Fala...

— Ora, tu não deixas...

Marco sentou-se no triclínio, abraçou-a pela cintura, bocejou e finalmente disse:

— Fala...

— Há um homem aí...

— Aí? Onde? — e levantou-se.

— É um pescador...

— Pescador?

— Diz ter vindo de Gaza, quer falar contigo...

— Pescador de Gaza? — interessou-se ele.

— Foi o que me disse... que é pescador, isso é.

— Por que?

— Como cheira a peixe, Marco...

Marco sorriu, aceitando o manto vermelho que a esposa colocou-lhe nas costas.

— Vamos a ver de quem se trata. Mandaste-o entrar?

— Sim, querido, está no átrio. Vem, acompanho-te.

E de mãos dadas, desceram a graciosa escada de mármore da vetusta casa dos Silônios. Lá no imenso pátio, cercado por esculturas, um homem, vestido em andrajos, os esperava. Marco tirou a capa, que entregou à esposa, e aproximou-se do recém-chegado. Este, vestido em tecidos grosseiros, com um capuz na cabeça, que lhe encobria os olhos, só deixando vislumbrar o nariz e a boca coberta por espessa barba negra entremeada de fios brancos, tinha uma compleição avantajada. E cheirava a peixe.

— Estás em casa de amigos — disse Marco à guisa de saudação.

— Sei, Senhor, por isto estou aqui...

— Vieste de Gaza, assim o soube.

— Verdade...

Marco voltou-se para a esposa.:

— Lavínia, pede, por favor, refrescos, pão e carne. Conversaremos em meu gabinete. — E para o homem: Tira o capuz, meu amigo. Queres um banho?

Efetivamente o cheiro de peixe inundava o ambiente, mas Marco pouco se importava. Repetiu:

— Tira, amigo, o capuz... estás em casa amiga.

— Não, senhor, não quero teus alimentos.. nem o banho que me ofereceste. Mas, tiro sim, o capuz, Quem sabe, o peixe, Senhor, o fará reconhecer-me um dia, e se possível, ajudar-me... — e tirou o capuz. Cabelos espessos, desgrenhados, a unir-se à barba entremeados juntos com fios brancos que a natureza os propiciara não como velhice, mas, precocemente.

— Não vos conheço — disse Marco, mas logo uma luzinha lá no fundo da sua mente pareceu lhe indicar que já, em algum lugar, conhecia aquele estranho. Mas de onde? — Conheço-vos sim — falou... sois familiar... Perdão, não sei precisar de onde!!!

— Familiar, tu o disseste?

— Sim, digamos já vos tenha conhecido antes... o familiar vai por conta do grau de conhecimento, não por ser de minha família, entenda amigo... vem, senta-te comigo em meu gabinete.

— Vem? — Repetiu ele.

— Não, senhor, não vou...

— Mas como? — surpreendeu-se Marco. — Por que não? — disse, braços abertos.

— Espera, Tribuno. Não tenho muito tempo.

Lavínia adentrou o átrio, em dois serviçais a carregar bandejas com sucos e carne tostada.

— Tu, espera — disse Marco — minha mulher te faz as honras da casa. Hás de beber... queres vinho? Ela só trouxe suco, já que por costume, não bebo. Mas, tomas o suco e comes. Se queres, mando vir vinho. Tens a hospitalidade desta casa.

— Perdão, senhor... não vos quis ofender, creia. — E para Lavínia: — Senhora, perdoe. Sou um humílimo pescador... Queria tanto ver Míriam...

— Míriam? — indagou surpresa Lavínia, tornando-se lívida.

— Míriam? — Por sua vez perguntou Marco, amparando a esposa. — Conheces Míriam?

O homem titubeou. Baixou a cabeça, recompondo o capuz.

— Come, amigo, come. Senta-te, bebe... Eu compreendo. Por favor — disse Marco.

Um auxiliar trouxe um banco, onde o homem finalmente sentou-se. Comeu e bebeu. Foi-lhe trazida uma salva de prata com água para lavar as pontas dos dedos, e toalhas.

— Conheces Míriam? — indagou Marco.

O homem o olhou, olhou para Lavínia, e prorrompeu em prantos. Lavínia abraçou o esposo, inquieta.

— O que há, amigo? Calma, descansa... Vem, levo-te a um triclínio, dormes um pouco.

Soluçando, o desconhecido assentiu. Quem sabe a fartura dos alimentos, em estômago vazio não lhe causasse aquele torpor? Deitou-se e logo dormiu.

— Quem será, querido? — perguntou Lavínia, abraçando o esposo, que passou o braço por sua cintura, beijando-a no rosto.

— Não sei... conheço-o, sem precisar de onde... disse ele ter vindo de Gaza...

— E conhece minha mãe...

— Deixemo-lo dormir. Conversaremos depois. Chamou um serviçal:

— Dionísio, vigiai o sono de nosso hóspede. O que ele necessitar, atende-o.

— Assim será, senhor.

✣ ✣ ✣ ✣ ✣

Não muito longe dali, em um bem cuidado sítio, um homem de compleição atlética conversava com uma mulher alguns anos mais velha que ele, guardando ainda a beleza que antes tivera.

— Esta hera, Míriam, insiste em crescer nos nossos canteiros de crisântemos... — enxugou o suor com o antebraço, apoiou-se à enxada — já as tirei várias vezes, não sei como, voltam a crescer...

— Tende calma, Félix...

— Mas como calma? Arranco-as, nascem depois...

— Vem cá...

Ela sentada em uma banqueta de alto espaldar, acolchoada, recebeu o abraço e o beijo do atlético homem.

— O que queres? — perguntou este.

— Tire os crisântemos e os replanta noutro lugar...

— E as heras?

— Deixe-as ali mesmo. Subirão pelas paredes, dão flor, sabias? Então, teremos os crisântemos em outro lugar, as heras trepadeiras subindo pela varanda... Ambas querem viver...

— É — e o homenzarrão passou as mãos sujas de terra no peito imenso.

— Que fazes? — reclamou ela — sujas-te de terra?

Félix sorriu e ternamente ajoelhou-se aos pés da senhora, pôs a cabeça em seu colo e murmurou:

— Te amo tanto, Míriam...

Ela afagou seus cabelos bastos e negros. Estava séria, mas com os olhos umedecidos. A diferença de idade, em comparação com a do marido, era bem grande. Fingiu:

— Sei que dizes isto para agradar-me. Estou bem velha, tu tens uma vida enorme pela frente. Por que não procuras uma mulher mais jovem, Félix? Eu, estou no fim...

— Míriam... não digas isto. Pouco me importa a tua idade. Eu te amo. Te adoro...

— Mas — ela deu um tom incisivo à voz — eu não o amo mais...

— Míriam! Ele levantou a cabeça, olhando-a — Não profiras tal mentira...

— Já te disse... procura uma mulher que o possa satisfazer... eu volto para Jerusalém, para o lugar em que me encontraste... tenho amigos lá... moro lá...

Félix sorriu.

— E que farias? Morrerias, pensando em mim, pois sei que me amas...

— Esquecer-me-ei de ti — e passou a mão no rosto do rapaz.

— Míriam — ele segurou-lhe as mãos — lembra-te do que ouvimos Dele?

— Dele quem?

— Dele, Jesus Cristo... lembra-te?

— O que? — e os olhos dela brilharam.

Félix levantou a cabeça, apertou mais fortemente as mãos da mulher, e fechando os olhos, disse, contrito: "Qual a mulher que, tendo dez moedas e perdendo uma não acenda a candeia e não varra a casa e não a procure, com cuidado, até encontrá-la?"

— Ah! meu querido... — e ela voltou a afagar sua cabeça. — Quem O há de esquecê-Lo?

— Pareces tu, a primeira... irias procurar-me por toda Roma...

— Convencido! — ela voltou a sorrir — Procurar-te, sim, mas com enorme vassoura...

— Eu te amo, Míriam — repetiu ele. — Pouco importa a idade que tenhas. Nossas almas são jovens, pouco importa o corpo, voltaremos a ser crianças um dia, Míriam...

— Sossega, meu querido gladiador...

— Gladiador? Não, não me lembres...

— Digo apenas por querer chamar-te de forte, invencível...

— Vamos sair hoje? — Ele quis pôr um ponto final na conversa.

— E para onde iríamos, meu amado?

— À casa de Marco... há quanto tempo não o vejo!

— Pois ele nos tem mandado uvas e vinho sempre. E notícias de Lavínia...

— Muito bem, pois vamos levar crisântemos para Lavínia... Prepara-te, mulher — e levantou-se sem esperar resposta.

— Mas como preparar-me, assim, tão depressa?

— Que tens? Apenas põe um manto. Vou preparar a biga...

— Biga? — exclamou ela.

— Por que não?

— Amor, tua Míriam não tem mais idade para andar em bigas...

Félix voltou para o lado da mulher, abraçou-a e disse:

— Querida, deixa as dores do corpo. Esquece-as, lembra do que Ele disse?

— "Os males do corpo não são do Céu"... E temos que volver a ser criança, para entrarmos no Reino de Deus... esquece as dores físicas. Já as tiveste tantas. Vamos, apenas um manto.

— Te amo, Félix...

— Eu te adoro, Míriam...

— Quisera ser tão mais jovem, para ti.

— És, e sempre será em meu coração. Eu te amo, Míriam... — e brincalhão:

— Mas já que queres assim, vai, velha, tenho pressa... — e saiu correndo para não receber a chinela que Míriam apontou para ele.

✣ ✣ ✣ ✣ ✣

— Este homem é um monstro... — gritava um cidadão, ante amigos, ao redor de grande mesa marmórea, no grande átrio de uma terma. Todos, apenas trajando faixas de linho que só cobria suas genitálias, já que saídos das águas tépidas da grande piscina, esperavam o vinho que naturalmente os iria mais aquecer.

— É um obsceno — arrematava alguém.

— Um tirano...

— Olha quem vem chegando... — acrescentou outro.

— Ah! O Fulvius... Este, sim, nos pode dizer algo.

— É, afinal, filho do Senador, e Tribuno.

— Vê lá, Cássio, como falas... o Fulvius nem fardado está... — ponderou um.

— Como estão? — perguntou o recém-chegado, segurando o manto branco que o vestia, no antebraço. Seu sorriso era alegre, sem mácula.

— Fulvius Silônios... — levantou-se o mais velho — Como está o Senador?

— Meu pai está bem. Velho, no entanto, com aquela fortaleza que Jesus e Deus a ele deram.

— Jesus? — inquiriu um — que Jesus? Acaso será um grande médico?

— E a que deus te referes? — inquiriu outro.

Segurando o manto, Fulvius raciocinou rápido, aceitando a banqueta que lhe ofereceram.

— É, pode-se assim dizer... um grande médico... E quanto ao deus, quem sabe, o Melhor?

— Explica-te melhor, Fulvius...

— Para que? Tu, Crasso, não entenderias... Nenhum de vós.

— Bebes conosco?

— Sim, sim, uma caneca de vinho refrescante. Se as chuvas não chegarem logo...

— É verdade — interrompeu Crasso — o calor está sufocante.

— Bem, Fulvius — disse o mais velho, que aparentava já uns sessenta anos, porém bem forte ainda — estávamos conversando sobre o Imperador... melhor ainda, de seus desmandos. Que opinião tu tens dele?

Fulvius apoiou os cotovelos na mesa, pensou um pouco, depois respondeu:

— Senhores, prefiro não emitir opinião alguma. Não gosto de falar sobre política... Como vocês sabem, eu, meu irmão e toda minha família sofremos muito em um passado recente, por politicagem[1]. Atenho-me a apenas receber e cumprir ordens, e raramente vou a palácio.

— Fulvius...

— Sim, Domicius, estou ouvindo.

Domicius, o mais velho de todos, um tanto atarracado, sem ser de todo obeso, rosto rosado e redondo, sobrancelhas tão espessas que até se podiam penteá-las, maçãs do rosto proeminentes, como o queixo, maxilar forte, queixo com uma reentrância no centro, tudo encimado por olhos negros, brilhantes e pequenos talvez para o tamanho do rosto.

— ... Lutei lado a lado com Silônios, teu pai. Somos de há muito amigos. Ele foi para o Senado, eu fiquei na Pretória. Respeito-o muito, e o sabes, ao teu pai. Motivos outros nos separaram, como ele está agora?

— Meu pai — interrompeu Fulvius — está agora com 86 anos de idade. E com os achaques que a idade sempre traz. Já não se interessa em política, embora vez por outra compare um governo com outro. Está em uma merecedora velhice, sabendo nós que mais cedo ou mais tarde, a morte o irá levar. Estamos todos preparados para isto, se bem que, dependesse de nós, ele não nos deixaria nunca. Mas é uma lei imutável: tudo quanto nasce, tem que morrer um dia. — O rapaz segurou a caneca com vinho recentemente posta à mesa, bebeu grande gole, e a depositou sobre a marmórea superfície da mesa.

— Sei, Fulvius, sei disto tudo. O Senador Silônios, teu pai, sempre foi um homem probo. Um forte na guerra, um grande amigo da paz. A minha pergunta, meu rapaz, nada tem de política. Apenas opinião. Sabemos, sim, jovem, o que tu e tua família sofreram. A opinião nossa — e apontou com a mão aos que estavam à mesa — é de que o "botinha" não passa de um monstro...[2] E lá se vão 10 anos de seu reinado... Quantos já mandou assassinar, quantas jovens em flor as encheram de vergonha...

— Até as sacerdotisas de Vesta ele as conspurcou — disse um.

— E nada sabes, Fulvius? — voltou Domicius.

Outro gole e Fulvius respondeu:

---

[1] "O Peregrino" (dos mesmos autores) - de Luiz Carlos Carneiro.

[2] Calígula - imperador romano.

— Efetivamente tenho tido notícias de seus desmandos. Mas, que posso fazer? Quem o elegeu? Eu não estava aqui quando isto aconteceu. Conheci o Calígula quando ainda usava em criança botas do exército. Era um menino magro e doente. Se Tibério o indicou para imperador, o que fazer? O povo sempre tem o governo que merece... não pensam antes, não fazem ver os seus direitos... É uma lástima, sim. E agora, o que querem fazer?

— O homem é louco — bradou um.

— As bacanais em palácio... Até já deu espetáculos em que um cavalo brincava com uma mulher!

— Nomeou seu cavalo Incitatus Senador...

— Os cristãos estão sendo mortos, crucificados em plena Via Ápia...

— Senhores — e Fulvius levantou-se, atirando o manto branco sobre os ombros. — Obrigado pelo vinho. Infelizmente nada tenho a vos responder. Como já vos disse, atenho-me a meu trabalho e à minha casa. É só. — E saiu.

— Ora, vejam — comentou um...

— Esperávamos que ele ficasse do nosso lado...

— Calma, senhores — falou Domicius — eu conheço o Fulvius. É discreto, mas ai de quem tocar em um fio de seus cabelos. — E sorrindo para os outros. — Fúlvius, o homem da triga não se abate...

✣ ✣ ✣ ✣ ✣

— Senhor Marco — disse, servilmente um serviçal.

— Sim, Jeremias, o que queres?

— Senhor, há, no pórtico, solicitando entrada em nossa casa, duas pessoas.

Lavínia achegou-se ao companheiro.

— Quem será, meu esposo?

— Como saber, querida, se o Jeremias ainda nada disse? — e voltando-se ao serviçal: — Por acaso declinaram os nomes?

— Sim, senhor. Félix e Míriam.

— O que? — disse o Tribuno...

— Minha mãe... e meu pai — acrescentou Lavínia levando a mão ao peito. O rapaz ficara lívido, pensando ter ofendido aos patrões.

— Perdão, senhor..

— Sossega, Jeremias... és novo aqui. — E pondo uma mão em seu ombro: — Este casal tem entrada livre nesta casa, a qualquer hora. Mas não sabias, eu te agradeço. Providencia refrescos, por favor. — e seguiu a esposa que acorrera, escadas abaixo, ao encontro dos recém-chegados.

— Minha mãe! — gritou ela atirando-se nos braços de Míriam, abraçando-a e a beijando. Depois, ao homem enorme e sorridente: — Meu pai Félix... e novos abraços.

— Como estás, Lavínia? — perguntou, num vozeirão.

— Ela vai bem, gladiador de jardins...

— Marco — exclamou ele, sorrindo ante o aparecimento de Marco descendo a escada. Abraçaram-se demoradamente. O Tribuno, segurando os braços do antigo gladiador, sorrindo, disse:

— Deus o trouxe, amigo. Alegria tremenda enche nossos corações por rever-te.

— Deus nos trouxe, amigo, para matarmos as saudades.

— Félix, Félix, há quanto tempo!

— Não muito — manifestou-se Míriam, recebendo por sua vez o abraço do Tribuno. — Não mais que uns sessenta dias...

— E não é muito, Míriam?

— Fosse pelo Félix, todos os dias estaríamos aqui... Mas, ele carrega este fardo pesadíssimo, que sou eu... — Félix aproximou-se, abraçando a esposa:

— Não fales assim, querida... poderiam acreditar.

— Vamos, subamos — convidou Marco passando um braço sobre os ombros de Félix, conduzindo-o à escadaria, enquanto Lavínia fazia o mesmo com a mãe. Foram conduzidos ao grande átrio, do qual se via a paisagem incomparável de parte da cidade. Sentaram-se em triclínios almofadados, macios. Lavínia, abraçada à mãe, não parava de falar, recebendo afagos da genitora.

— Félix — dizia Marco, radiante ante a presença do amigo de tantas aventuras — foi uma grande coincidência teres aqui vindo. — Félix o olhou, sério. — Espera, deixemos as duas irem para a varanda.

— Coincidência? Por que? — Félix perguntou quando as duas se afastaram.

— Olha, amigo, recebemos ontem um visitante...

— Visitante?

— Sim, sim, de Gaza...

— Ora! — admirou-se o antigo gladiador. — De Gaza? Veio de longe... quem é ele?

Marco atirou parte do manto sobre os ombros e continuou:

— Não sei — coçou o queixo tornando-se sério. — Não sei. Disse-nos ter sido um pescador. E, pelo cheiro, efetivamente rescende a peixe.

— Quem será, Marco?

— Não sei, amigo, nem sei porque veio aqui. Está dormindo agora, de tão cansado estava... no entanto, conhece Míriam...

Félix ficou por momentos estático.

— Míriam... pronunciou pausadamente. — Ele a conhece...

— Sim, foi o que nos disse.

Félix passou a mão na espessa barba, pensativo.

O Tribuno, vendo a preocupação estampada no semblante do amigo, tentou acalmá-lo:

— Não fique assim. Ele a conhece, e por certo traz alguma notícia.

— De Gaza, Marco? Fosse de Jerusalém, Nazareth, mas de Gaza? Míriam só esteve naquela cidade, quando voltamos para Roma, no navio de teu tio...

Jeremias adentrou o átrio com vinho e refrescos, além de frutas.

— Vamos, amigo, tomemos uns refrescos. Ou preferes vinho?

— Não quero nada, perdoe, Marco...

— Ora, não fiques assim, gladiador — brincou o Tribuno. — Experimenta um refresco, foi feito pelas mãos de Lavínia, tua filha... — e segurando um copo de prata, fez com que o serviçal o enchesse: — Toma, tomarei um também. Félix acedeu, tomando o copo. Marco continuou:

— Por que tanta preocupação?

— Não sei, não sei. De repente me voltou à cabeça tudo quanto passamos naqueles lugares...[(3)]

— Ora, já se vão mais de dez anos, Félix...

— E não parece. Míriam está mais velha, e merece estar tranqüila. Tenho feito tudo para suavizar sua velhice, amando-a e satisfazendo suas mínimas vontades, enganando-a de que os anos não passam... E agora, este mensageiro trará que notícias para ela?

— Oh! Félix... vamos ter calma, não pode ser nada de mal... quem sabe um conhecido antigo? Míriam tinha tantos amigos em Jerusalém... Tende calma. Já, o nosso amigo acorda, e tudo se esclarecerá.

— E onde está ele?

— No átrio inferior. Junto a meu gabinete de trabalho. Dorme. Está cansado.

— Eu espero, Marco... e, o "Terror de Roma"?[(4)]

— O Senhor da triga? — completou Marco sorrindo. — Ele vai bem. Adora Virna, vivem felizes lá, no sítio do pai dela, mas sempre está aqui. Nosso pai é que já está para entregar o espírito ao Criador. Está

---

(3) "O Peregrino" - de Luiz Carlos Carneiro.

(4) Ver "O Peregrino" - alusão feita a Fulvius.

em uma quinta que possuímos sob cuidados médicos e de minha mãe. Teimoso, não quis ficar aqui. De certa forma foi bom, pois que não ouve as notícias dos desmandos deste louco que tomou o lugar de Tibério.

Félix passou as mãos no rosto, depois bebeu um gole.

— É um animal, Marco. Como pode haver tanta maldade em um homem?

— Não sei, Félix, não sei... Às vezes tenho vontade de mudar-me para a costa, ficar cada vez mais longe de Roma.

— Ele não teria a coragem de atacar um Tribuno, e filho de Senador...

— Ah! Amigo! Teria, sim. Não nomeou seu cavalo Incitatus Senador romano? Daí, vês a importância que tem o Senado para ele...

— Os cristãos têm sofrido...

— Sei. A Via Ápia iluminou-se com archotes... e os archotes eram cristãos crucificados. É um monstro.

— Marco, ficar em Roma é uma temeridade, diante de tais desmandos.

— É possível... já pensei em ir para nossa quinta. Mas, efetivamente não posso.

— E por que não podes?

— Não agora, Félix...

— Mas Marco...

Marco sorriu, esticou as pernas.

— Serás um parvo? Por que não?

— Parvo, eu? — surpreendeu-se Félix remexendo-se no triclínio. — Parvo?

— Não quero ofender, caríssimo amigo. Tenho-te como irmão.

— Sei, Tribuno, sei...

— Tribuno... pois bem, senhor gladiador, és parvo, sim... e digo-te porque...

— Fala...

— Viste Lavínia?

— Claro que vi Lavínia... tenho-a como uma filha querida...

— Nada notaste?

— Mas como? Deveria notar algo? Pelo que notei, está ela forte, gorda... — Félix parou, sentou-se a meio, mãos nos joelhos, encarando o amigo — gorda — repetiu — Marco... Lavínia está...

Marco deu uma sonora gargalhada atirando a cabeça para trás.

— Está, Félix, está... está grávida...

— Senhor Deus! — berrou Félix levantando-se e atirando-se aos braços do Tribuno. No afã de parabenizá-lo, elevou a voz, que em natural já era altíssima:

— Marco, que maravilha. — Marco ria alegre. O barulho que fizeram fez com que Lavínia e Míriam se aproximassem sorrindo, mas um tanto preocupadas.

— O que aconteceu, meu esposo? Meu pai terá achado uma mina de ouro no Egito?

— Melhor que isto, Lavínia — gritou Félix levantando-se, e todo mesuras, segurando as mãos de Lavínia, ajoelhou-se e as beijou.

— Mas o que está acontecendo? — inquiriu ela, surpresa.

— Perdão... eu não havia notado. Agora, sim, vejo — disse ele levantando-se sem soltar as mãos da moça. — Vejo, e sinto pela pulsação de tuas mãos, também as batidas fortes deste outro coraçãozinho que guardas dentro de ti. Deus os abençoe — e abraçou Lavínia cheio de amor sincero.

— Meu querido pai Félix — exclamou ela, lágrimas nos olhos. — Terás um neto...

— Ah! Jesus Cristo! — disse ele apertando-a mais fortemente, para, rápido, a soltar.

— Desculpa, não a quero machucar.

— Seu tonto! — disse ela beijando-o na face. Marco ria, comovido e feliz. Míriam abraçou-se ao esposo:

— Vês? Ela é minha filha... e dela, terás um neto... estás ficando velho, Félix...

— Míriam, Míriam — Ele gritou, abraçando-se à esposa. E voltando-se para Marco: — Agora, sim, beberei uma botija inteira de vinho... — e para Lavínia:

— Já tens um nome?

— Sim, meu pai... Fulvius nos sugeriu, se for menino.

— Fulvius?

— Sim, gladiador — interrompeu Marco — O Fulvius. E nós acatamos...

— Então, já sei como se chamará o menino — exclamou Félix soltando a esposa e abrindo os enormes braços...

— Sabes?

— Sei, sei, sei! — e fechando os olhos, cabeça erguida, gritou: — Dimas...[5]

— Dimas, sim, meu pai. — E os quatro, abraçados, formaram uma pequena pirâmide.

---

[5] Ver "O Peregrino".

— Eu sabia, eu sabia — gritava Félix.
— Mas se for menina? — perguntou.
— Ai! Não pensei nisto... — retrucou Lavínia.
— Chamar-se-á Maria... — volveu Marco.
— Em homenagem à mãe Dele?
— Sim, meu amigo, sim, em homenagem à mãe de Jesus.
O gigante deixou-se cair no triclínio. Suava, embora a temperatura estivesse amena. Passou o antebraço na testa, e com lágrimas nos olhos disse:
— Eu a vi... aos pés do madeiro infame, sem tirar do Filho o olhar, mãos postas, já não tinha mais lágrimas para chorar... uma mulher de, quando muito uns quarenta anos... velha na aparência, como o sofrimento a deixou...
— Eu também a conheci, Félix — ajuntou Míriam — E jamais a esquecerei. Ela tomou Lavínia nos braços. Ele, Seu Filho, era da mesma idade. Jamais esquecerei aquele momento.
— E acabamos presenciando aquela hecatombe... — ajuntou Marco, enquanto se afastava para atender a um serviçal que o solicitava, parado junto à escadaria.
— O que houve? — perguntou.
— Senhor, o homem acordou...
— Homem?
— O pescador, senhor.
— Ah! Sim, sim — e olhou para trás por segundos. — Muito bem, entretenha-o. Eu já desço.
— Assim será.
Saiu o serviçal, e Marco ficou a ponderar no que teria o visitante a dizer para Míriam. Parado, pensativo, sequer notou Lavínia que dele se aproximou, só se dando conta quando ela pôs a mão em seu ombro. Voltou-se:
— Lavínia...
— Querido... onde estavas?
— Ora, aqui...
— Pergunto-te, em pensamentos, amor.
Ele a abraçou, beijando-a na testa.
— Tenho medo — disse.
— Medo? Por que medo? — E em seu semblante transpareceu a sombra da preocupação. Repetiu, afagando-lhe o rosto:
— Medo de que, querido?
Marco atirou a túnica nos ombros e respondeu:

— O nosso visitante acordou...

— E o que tem isto?

— Não sei, amor... mas, que notícias trará ele, que se diz pescador e vem de Gaza? Que terá ele para dizer à tua mãe?

— Oh! Marco... esperemos, ele dirá... por que sofrer com antecipação? Esperemos.

Ele voltou a abraçar a esposa, e com ar ainda preocupado, respondeu:

— Parece que foi ontem... todo aquele sofrimento por que passamos, será que este homem nos vem reavivar, com algum motivo, o que passamos?

— Marco, sequer pusemos minha mãe e o pai Félix a par de tudo... Esquecemo-nos, querido. Eles de nada sabem...

— É, é necessário que saibam, antes de se defrontarem com o nosso hóspede. A alegria da chegada deles nos fez esquecer o visitante. Como faremos? Não quanto ao Félix... já o notifiquei... Mas, à Miriam?

— Eu desço, querido, e entretenho o pescador. Tu, dirás à minha mãe o que acontece...

— Amor... — e ele afagou o rosto da esposa — chama Dionísio, traze-o a mim agora.

— Espera, querido, já vou.

Marco ficou a matutar por algum tempo, até que Lavínia retornou com o solícito Dionísio.

— Dionísio — foi logo falando Marco — quero que acompanhes minha esposa, e não arredes pé de seu lado.

— Claro, senhor — balbuciou o serviçal, surpreso por tal ordem que o enchia de orgulho — Darei a minha vida por ela...

Lavínia sorriu, e comovida pôs uma mão no ombro do jovem, dizendo:

— Não há perigo, meu caro rapaz... É apenas uma precaução e cuidados que meu esposo tem para comigo.

— Seja, senhora...

— Mas — disse Marco, cinja uma espada. Nestes tempos, nada sabemos.

— Qual a missão, senhor?

— Minha esposa desce contigo ao átrio inferior, onde está o pescador. Ela falará com ele, enquanto eu aviso os nossos de sua permanência em nossa casa. Entendido?

— Senhor — exclamou Dionísio — não será necessário a espada...

— Mas não o conheces...

— Ele é um dos nossos, senhor.
— Dos nossos? Como? Explica-te...
— Ele desenha peixes no chão, senhor.
— Desenha? — Marco ficou intrigado.
— Peixe, querido... o sinal de que é cristão... interrompeu Lavínia sorrindo.
— Ah! Sim, sim... — exclamou Marco, e para o serviçal: — Mas, levas a espada, e não deixes de segurar muito bem o punho.
— Querido...
— Perdão, Lavínia, com este monstro do Calígula a nos chefiar, temos que pensar em tudo. Podem ir. — Retornando para os amigos, fingindo naturalidade, disse:
— Félix, Míriam, temos uma surpresa para vós.
— Surpresa? — inquiriu Félix, volvendo o olhar para a esposa, atenta.
— É verdade. Já pus Félix a par.
— Do que se trata, Marco?
Marco ensaiou alguns passos, voltou-se e disse:
— Há algum tempo acolhemos em nossa casa um homem que se diz pescador e ter vindo de Gaza...
— Gaza? — perguntou Míriam.
— Sim, sim, Gaza... e a conhece, Míriam.
O gigante atirou o manto aos ombros e perguntou, encarando a esposa:
— Quem conheceria Míriam em Gaza? Pescador? Como? — e adiantou para Marco — Que mais disse ele? Declinou nome?
— Não sei, amigo. Vamos saber agora. Por favor, acompanhem-me. — E desceram a escadaria. Atravessaram o salão. Diante da arcada que conduzia ao átrio inferior, viram Dionísio de pé, segurando o cabo da espada que trazia na cintura.
— Tudo bem, Dionísio? — Perguntou Marco.
— Tudo, senhor. O pescador está na varanda.
— Ótimo.
Dirigiram-se ao amplo alpendre, de cujo peitoril tinha-se uma visão de parte da cidade. O homem lá estava, as duas mãos sobre o muro baixo, coberto de mármore, absorto a contemplar o casario. Ouvindo passos, voltou-se e sorriu ante a aproximação dos recém-chegados.
— Descansaste? — inquiriu Marco.
— Sim, sim, de fato estava muito cansado.
— Queres um banho?
O homem sorriu.

— Não, não, não vou demorar.
— Bem... como te chamas?
— Cipião... — e, abrindo os braços — sei que devem estar ansiosos por saber o que me trouxe aqui. — e olhando para Míriam, como se só ela ali estivesse, continuou: — Pertenci ao bando de Dimas — os circunstantes se entreolharam — ele depositava muita confiança em mim, de forma que me encarregava de distribuir víveres e moedas aos necessitados. Foi assim que conheci, perdoem-me, a "velha Míriam".
Esta, acercando-se do homem, exclamou, com um sorriso:
— Cipião, sim, sim, conheço-te... estivestes ferido certa vez...
— Sim, e me curaste. Eu havia sido atingido por uma flecha. Pensaste as minhas feridas e escondeu-me dos soldados romanos...
— Mas isto foi há tanto tempo...
— Venha — convidou o Tribuno — vamos acomodarmo-nos no triclínio. Conversaremos melhor.
Já acomodados, o dono da casa mandou vir refrescos e guloseimas, o pescador preferiu ficar de pé. Félix, não se contendo, perguntou:
— Pertencestes ao bando de Dimas... e como sois pescador, e em Gaza?
— É uma longa história, mas a resumirei para que entendam. — E com ar grave:
— Devido aos ferimentos, não me foi mais possível continuar ao lado de Dimas. Tornei-me pescador, a convite de Pedro. Pesquei com ele no mar da Galiléia, e em tantos outros mares[6]. Conheci Jesus Cristo, antes de seu martírio. Eu não estava no Gólgota quando isto sucedeu, nem na cidade. Sou pescador, sim, e conheci muitas coisas daquele tempo. Não me olhem desconfiados, embora eu mesmo sequer saiba ao certo onde estou... Estive em Gaza, durante muito tempo... pesquei, tornei-me peregrino, andei de lá até a fronteira egípcia, onde o rio[7] se bifurca em várias direções para o grande mar.[8] Ao retornar, soube do ocorrido. — curvou-se, até quase a testa bater nos joelhos, enquanto os ouvintes, atentos, sérios, esperavam. — Perdi meu amigo e protetor Dimas, mas, muito mais, perdi o Homem que tudo veio mudar... Por que? Apenas por não querer responder a pergunta do Pôncio Pilatos, "o que é a verdade?" — Para que, se a verdade estava ali, ante o inquisidor, ante todos que o condenaram, ali estava a verdade feito homem, igual na aparência a todos nós... Ele sabia, mas não respondeu...

[6] Outros mares - denominação de pescadores a grandes rios e lagos. Fica por conta do escritor.
[7] Delta do Nilo.
[8] Mediterrâneo.

Míriam começara a chorar. Os outros, circunspectos, ouviam comovidos o que o homem dizia. Só Félix, se bem que também participando dos sentimentos de todos, ousou perguntar:

— Foste de Jerusalém para Gaza... por que? A distância é enorme...

O homem olhou com semblante carregado para o ex-gladiador, e respondeu:

— De Jerusalém, andando ou em montarias de peregrinos, fomos até Acaron, de lá, andando, Ascaln, e finalmente Gaza, passando por Ashdod, onde adquiri um cavalo árabe, ou egípcio, não sei. Para responder mais diretamente à tua pergunta, quando deixei Pedro, Jesus havia ido para a Galiléia... Ele só andava. E eu queria ganhar dinheiro, Gaza era o maior pesqueiro que havia. Eu tinha uma família para cuidar... Jerusalém não tem porto de mar. Ou se vai a Acaron, Ashdod, Ascalão, que são cheios de pedras e o mar sempre feroz, ou para Gaza... Do outro lado, temos acima Jericó, abaixo Belém, o rio Jordão, que sai do mar Salgado.[9] — Por que ir para estes lugares, se Gaza nos dava tudo?

— E deu? — inquiriu Lavínia.

O homem virou-se de costas, andou até o parapeito, e retornou balançando as mãos.

— Não — disse em frente à esposa de Marco. — Não deu certo. Os egípcios, saindo do delta do Nilo, iam até Gaza, pilhavam, estavam em guerra, não nos deixavam em paz. Foi quando retornei. Em um barco, de amigos, cheguei a Ashdod, e a pé, para Jerusalém... — E passando as mãos na espessa barba entremeada de fios brancos. — Cheguei quando tudo já havia acontecido.

— Tudo? — perguntou Marco.

— Sim, o mundo acabara-se para mim, ali... Dimas morto, Jesus Cristo idem, e o outro... já nada havia senão aqueles infames madeiros naquele monte miserável. Vaguei por muito tempo pelas ruelas da cidade. Fui preso, levaram-me para a fortaleza Antonia, mas logo fui solto, não havia acusação contra mim. Soube que Barrabás — lágrimas começaram a cair de seus olhos, escondendo-se pela barba. A custo continuou: — "Barrabás, assassino, estuprador, vil trocado por Jesus..., não há de morrer nunca, até que saiba o mal que fez, e peça perdão a Deus...

Após alguns minutos de emoção e reflexão, coube a Míriam perguntar:

— Muto me comove esta tua história. Pelo visto, a todos. Mas, por que, ao que entendo, procuraste o Tribuno Marco?

---

9) Mar Morto.

— Perdôa, Míriam — observou Marco — ele veio até aqui, para falar contigo...

— Comigo? — espantou-se Míriam — Por que em tua casa? Só estamos em visita...

— Isto também não sei, minha sogra...

— Cabe, então, a ele, explicar — disse Félix.

— Calma, explicarei tudo.

Chegados os refrescos, beberam, silenciosos, esperando as explicações do visitante, que não demorou:

— Estive com Pedro. Não sou um dos diletos amigos de Jesus. Ele pediu que se separassem e levassem a boa nova a todos os quadrantes do mundo. Pedro virá em breve. Apenas eu, adiantei-me um pouco, para como direi? Aplainar a estrada para que ele venha. No entanto, o Pedro de nada sabe. Eu, por ter tido ciência para onde ele viria, e por favores que devo, quis e quero — estufou o vasto peito — tornar o seu caminho menos áspero.

— Mas — perguntou Félix — o que tem minha esposa com tudo isto?

— Simples coincidência...

— Como?

— Bem, coincidência não existe... Esta é uma maneira de Deus nos deixar fazer o que queremos, sem necessidade de assinar... fui à pousada, onde soube, Míriam esteve hospedada. Zaqueu, o nome do hospedeiro, língua fácil, contou-me tudo. Soube o nome do Tribuno militar. Perguntar em Roma por vós — virou-se para Marco — todos ensinam. Procurei-vos porque queria avisar à Míriam, como a única que efetivamente conheci e como já disse devo favores, dizer que estou em Roma. Venho, de livre-arbítrio, aplainar, como já disse, o caminho para Pedro. Sei, perfeitamente que a "velha" Míriam morreu... e que renasceu no amor que encontrou. Não peço favores, nada quero. Ele, Jesus, já está lá — e apontou para o céu — sentado à mão Direita de Seu Pai. — E para Marco:

— Obrigado, Tribuno. Mas, tendes cuidado.

— Como, cuidado?

— Perdão, não é ameaça, apenas um conselho. Cedo os que acreditaram Nele, irão sofrer. Segura-te na fé, meu filho, e vencerás. Agora retiro-me... e também o cheiro de peixe. Perdoa-me.

— Cipião... — exclamou Míriam — para onde ides?

— Há tantos lugares, senhora, onde a palavra Dele não chegou... vou fazê-las reviver, enquanto o Pedro não chega. — Achegou-se a Lavínia:

— Posso, senhora? — falou com a mão perto ao ventre da moça. Ela o olhou, olhou o marido, que sorriu, e respondeu:

— Podes, sim.

O pescador pôs a mão espalmada na barriga da mulher, apertou-a suavemente, e sorrindo, exclamou:

— Bem-vindo, Dimas!

Lavínia e Marco se entreolharam.

— Calma. Não será o Dimas, o ladrão. Será o Dimas em homenagem a ele. Aquele, está junto a Jesus no Paraíso. Teu irmão o quer...

— Como sabeis... meu irmão? Fulvius?

O homem repôs o capuz na cabeça, olhou para todos e disse:

— Às vezes eu sei de muitas coisas. Obrigado por tudo, adeus.

Encaminhou-se para a escada.

— Espera — gritou Marco — Levo-te até a porta...

Com um gesto, o homem disse:

— Não é necessário. Desde que me recebeste em tua casa, sei o caminho de volta. Ficai, por favor. — andou um pouco e virando-se, com um pequeno sorriso, disse: — Ama tua família, e, por favor, não haveria necessidade do Dionísio segurar o punho da espada... tenham paz.

— O que? — exclamou Marco.

— Querido... — Lavínia abraçou-o.

— Como ele sabia?

— Quem sabe, amor? Mas sabia que fizeste o Dionísio usar a espada para me defender...

— Como ele vai sair?

— Tenho a impressão, meu genro, que ele já saiu — obtemperou Míriam.

— Marco, estou perplexo — disse Félix — e vou dar-me chicotadas...

— Por que, pai Félix? — perguntou Lavínia.

— Tive ciúmes dele com tua mãe...

— Meu pai...! — Juntou-se a ela Míriam e Marco:

— Ora, gladiador... ciúmes? — e caíram todos em gargalhada.

Capítulo II

O ATENTADO

Depois de despedir-se do Domicius e demais amigos, Fulvius, deixando a taberna, tinha que atravessar a ruela para ir até a sua biga. Noite escura, despreocupado, ia atravessando, quando uma quadriga de guerra, em disparada, o obrigou a atirar-se para um lado, ferindo os joelhos no chão áspero.

— Que doido! — pensou, levantando-se trôpego, e logo em seguida, outro tropel. Virou-se ainda a tempo de desvencilhar-se do carro de combate, desta vez uma triga. Tornou a machucar-se, os cotovelos sangravam. Da taberna vários homens saíram. Reconhecendo o rapaz, o ampararam.

— Fulvius, o que houve?

Levaram-no para o interior. Domicius, preocupado, amparando-o estava todo solícito.

— Teus joelhos estão sangrando... os cotovelos também.

— Aquela mulher é uma doida... — observou um, que não fazia parte dos amigos de Fulvius?

— Mulher? Mas que mulher? — inquiriu Domicius.

— Eu estava na via, quando aconteceu. Primeiro uma biga, logo depois uma triga, e entre os três homens que a dirigiam, havia uma mulher...

— Tu a viste? — perguntou Fulvius sentando-se em uma banqueta.

— Vi, vi, sim.

— Espera, Fulvius, vou providenciar algo para passar em teus ferimentos — disse Domicius. Fulvius encarou o rapaz e tornou a perguntar:

— Quem dirigia a triga?

— A mulher estava entre dois homens... e segurava as rédeas.. foi proposital, senhor...

— Uma mulher! — murmurou o Tribuno. — Como deixam uma mulher dirigir uma triga? — e gemeu.

— Era uma mulher morena, senhor, e incitava com gritos os cavalos...

— Morena?

— E bonita... alguma namorada desprezada?

Fulvius riu.

— Não, não tenho namorada, sou casado.

— Então, cuida-te senhor... os olhos desta mulher faiscavam de ódio...

Domicius chegou com bandagens e remédios.

— Fica calmo, Fulvius, isto vai doer um pouco — e começou a fazer a limpeza das feridas. O tribuno fazia caretas, mas suportou os curativos. — Pronto — continuou Domicius. — Tem certeza de que estás com os ossos inteiros?

— Claro, claro — respondeu o rapaz flexionando os braços e pernas.

— Menos mal.

Fulvius mancando um pouco, saiu andando, acompanhado dos amigos.

— Senhor — disse o rapaz que a tudo presenciara — posso acompanhá-lo, se quiseres.

O tribuno balançou a cabeça, sorriu e respondeu:

— Não há necessidade, jovem. Agradeço-te, no entanto. Como te chamas?

— Pietro... sou filho do tribuno Cassio Cherea.

— Ah! És filho do Cassio...

— Conhece-o?

— Sim, como não? Ele é importante, no palácio... e tu, que fazes? Que idade tendes?

— Estudo... e tenho 19 anos.

— É, para a idade, pareces um gladiador. És muito forte.

— São os jogos, os exercícios.

— Bem, Pietro — e Fulvius pôs uma mão no ombro do jovem — leva minhas lembranças a teu pai. Devo partir agora. Se necessitares de mim, vais à casa de meu irmão Marco Silônios. Ser-te-á fácil encontrar. Ave...

— Ave, tribuno.

Fulvius subiu na biga, ante o olhar atento do rapaz.

— Tende cuidado — gritou este.

— Terei, sim — e tirando as rédeas presas ao gancho no carro, com um suave balanço das mesmas, pôs os animais a trotar. Doía-lhe o cotovelo e o joelho. Resolveu ir devagar, dirigindo-se à casa paterna.

Há algum tempo não via o irmão, e como a viagem para o sítio em que residia era longa, achou por bem descansar e solicitar do irmão um de seus empregados para o levar. Virna poderia estar preocupada. A cada imperfeição da estrada, sentia fortes dores. Isto não o impediu, no entanto, de analisar a situação. "Quem seria esta mulher morena? — pensava. — Primeiro, apareceu a biga... desvencilhei-me, e surgiu a triga que quase me mata. Por Deus, é muita coincidência. Mas por que? Terá sido mesmo proposital? Não estou entendendo nada!

✣ ✣ ✣ ✣ ✣

Em um canto baldio, afastado da cidade, uma mulher, morena, muito bonita, com os bastos cabelos negros esvoaçantes, vestida com roupas da mesma cor dos cabelos, saiote curto, pernas bem torneadas, cujas extremidades escondia-se em botas de cano longo de couro fino, que eram fustigadas por um rebenque, demonstrando impaciência e ódio, vociferava, andando de um lado para o outro, inquieta:

— Diabos! Tudo deu errado!

— Senhora... — tartamudeou um dos homens que ouviam os impropérios — O homem foi muito ágil...

— Ágil coisa nenhuma! Vocês foram incompetentes. Deviam tê-lo derrubado, e eu passaria com a triga sobre ele. Vocês se atrasaram. E agora?

— Tende calma. senhora Vânia... existem outros meios...

— Será que fui reconhecida?

— Não creio. Foi tudo muito rápido.

Tirando uma bolsa recheada de moedas, atirou-a para o homem.

— Há cinquenta sestercios nesta bolsa. Dividam, muito mais haverá em breve. — e levantando a cabeça para o céu, com a fisionomia transtornada pelo ódio, rugiu: — Não perdem por esperar, Marco Silônius,[10] Fulvius, Lavínia. Minha vingança se aproxima. Agora não. Aguardem ordens. — Subiu na triga com dois homens, e saiu devagar.

✣ ✣ ✣ ✣ ✣

Fulvius chegou à casa. Logo foi cercado pelos empregados. Saltou a custo da biga, mancando.

— Sofreste um acidente, senhor? — perguntou um.

— Mais ou menos...

— Queres que o carreguemos?

Sorrindo, respondeu batendo no ombro do serviçal:

---

[10] Silonius - desinência latina us.

— Só quando eu morrer. Meu irmão está?

— Sim, senhor... um visitante acaba de sair.

— Visitante?

— Um pescador...

— Ah! Meu irmão já se interessa por peixes?

Gemeu.

— Senhor, deixe-me ajudá-lo. Apóia-te em mim.

— Aceito.

Encaminharam-se para a casa, subindo a custo as escadas. No átrio, Fulvius pediu:

— Avisa a Marco que o "terror de Roma" está em sua casa. Não me animo a subir estas escadarias. Mas, nada digas do meu estado, ou mato-te.

— O senhor Félix e senhora aqui estão...

— Ora, ora! Que bom... quero vinho.

O serviçal fez sinal a outro que aguardava ao lado.

— Chamai Dionísio. Avisai-o que o tribuno Caio Fulvius Silônius está aqui. Traze vinho e comida.

— Comida? Não, não, amigo... frutas.

— Seja.

O solícito serviçal subiu correndo para o pavimento superior. Foi encontrar Marco e os outros na grande varanda. Dirigindo-se a ele, comunicou:

— Senhor...

— Sim?

— Teu irmão espera-o no átrio inferior.

— Como? Fulvius? — E Marco levantou-se rápido. — Por que não subiu?

— Não sei, senhor. Ele pediu vinho e frutas. Espera-o.

— Algo aconteceu — exclamou Lavínia, dirigindo-se quase correndo para a descida. Do alto viu Fulvius reclinado em um triclínio, tomando vinho e um cacho de uvas na mão. Notou as bandagens.

— Fulvius! — gritou, descendo correndo em direção ao rapaz. — Fulvius — repetiu com as duas mãos no peito — O que aconteceu?

— Olá, linda cunhada — disse ele sorrindo — não me dás um beijo?

— Fulvius, por Deus, o que aconteceu? — perguntou ela ajoelhando-se a seu lado e o beijando, enquanto apalpava a bandagem em sua testa. Ele passou o braço na cintura da cunhada, e fê-la encostar o rosto no dele. Assim os encontraram Marco e os demais.

— O que acontece? — exclamou Marco — que intimidades são estas com minha mulher?

— Queres trocá-la por Virna? Dou-lhe também uma quinta e dez trigas... Queres?

— Safado — exclamou Lavínia, afastando-se.

— Seu moleque — rugiu carinhoso Marco.

— Olá, gladiador — disse ele — Míriam, ele está gordo... manda-o para o circo...

— Irmão — falou o dono da casa — podes nos informar qual foi o elefante que te atropelou? Ou lutaste com um leão?

— Ai — gemeu Fulvius — dói.

— Mas claro que tem que doer. Estás todo lacerado — disse Félix — o que houve?

— Ora, estou preocupado com Virna. Já, chega a noite... o que estará ela pensando? Vim até aqui pedir-te ajuda, irmão. Não conseguirei comandar estes cavalos. Dói-me todo o corpo.

— O que aconteceu? Tomaste parte em alguma briga? — inquiriu o ex-gladiador.

— Não, não. Não sou mais de brigas.

— Então, o que?

Fulvius suspirou, e pausadamente contou todo o ocorrido.

— Deus meu! — e quem seria esta mulher?

— Certamente alguma doidivanas saída de algum lupanar, orgia, ou bacanal — comentou Marco.

— Não sei, não sei...

— Queres que mandemos avisar Virna, de que passarás a noite conosco, cunhado?

— Não, Lavínia, quero que alguém me leve até o sítio. Minha esposa me espera, não a quero preocupar... O velho Zacarias, coitado, já quase não anda...

— Puxa! — observou o irmão — Onde está o "Terror de Roma"?

— Ah! Irmão, acabou... mas, — levantou o dedo em riste: — ele pode retornar... depende dos acontecimentos. — E mais sério: um dia eu disse, que quem tocasse com maldade em um só de teus cabelos, teria que se ver comigo...[11]

— Lembro...

— Então, vamos pedir ao Filho de Deus, que nada te aconteça.

— Calma, irmão... o que contigo aconteceu, foi um acidente...

— Sei não, irmão, sei não...

---

[11] Ver "O Peregrino".

— Acalma-te Fulvius, meu cunhado — e Lavínia o ajudou a levantar-se. Ele a olhou, e matreiro, perguntou:

— Por quantos sestércios meu irmão a comprou, escrava? Eu dou o dobro...

Ela riu e Marco ajuntou:

— Não estivestes assim, dar-te-ia uma boa surra, moleque.

— Lembras-te, Marco?

— Claro que lembro.

— Pois é, a escrava tornou-se a mais linda cunhada que tenho! — e abraçando Lavínia, que sorria divertida, continuou: — E vai me dar um sobrinho... — e olhando de esguelha para o irmão, chegando bem o rosto ao da moça, falou, como em segredo, mas para que todos ouvissem: — É dele, mesmo?

— Dionísio! — gritou Marco, enquanto todos riam.

— Sim, senhor — acorreu o serviçal.

— Levai este senhor para fora de nossa casa... e não o deixes aqui, jamais entrar.

Dionísio, surpreso, e ainda com a espada, fez menção de segurá-la, porém pensando, e vendo todos sorrirem encarou o patrão, respondendo:

— É teu irmão, tribuno...

— É um moleque, isto sim.

Fulvius olhava o rapaz com ar galhofeiro.

— Vês, põe o irmão para fora de casa...

Bateu no ombro do aparvalhado empregado. Marco abraçou-se ao irmão, rindo ambos.

Lavínia juntou-se a eles, logo formavam uma pirâmide, com Félix como cume, todos abraçados.

— Ai, querem matar-me? Estou ferido — gemeu Fulvius. E até tu, barriguda? Pensas que não notei?

Lavínia afagou a barriga.

— Só quando disseste que ia te dar um sobrinho acreditei que tinhas notado.

— Tomara que nasça com a garra do tio...

— Ah! Nascerá, sim, podes crer... com a bondade do pai, a garra do tio, e a coragem dos dois, acrescidas de mais um.

— Mais um? Que queres dizer? Não te entendi.

— O nome dele será de um grande amigo teu, um homem excepcional, dono de um coração maior que seus feitos.

— Amigo meu? — perguntou inquieto Fulvius — Que amigo? Quase não os tenho... Ah! Lembro... Eu sugeri, cunhada... só sugeri... Dimas? — Os olhos do rapaz tornaram-se rasos d'água. — Ah! Dimas... — seu pensamento retornou há anos atrás, quando o viu pela última vez, crucificado ao lado do Nazareno. — Ah! Dimas, que estejas mesmo ao lado Dele no Paraíso... Jamais o esqueci, e agora, mais ainda. Quando chamar pelo nome meu sobrinho, sempre, sempre lembrar-me-ei de ti. — beijou Lavínia — felicidades, cunhada. — Ela, com a ponta do véu, enxugou os olhos dele.

— E Virna? Nada?

Fulvius esboçou um sorriso e, sacudindo-se todo, quase gritou:

— Agora, sim, vamos "prepará-lo"... não vou perder para meu irmão... e vou começar hoje — deu um passo, cambaleou, sendo amparado por Félix. Deu uma gargalhada e concluiu: — Não, não hoje... não posso...

Houve um coro de risadas.

— Levar-te-ei em casa — ofereceu-se Félix — Míriam ficará bem aqui com a filha.

— Eu ia pedir-te isto, querido — disse Míriam.

— Pois bem, "Terror de Roma"... preferes uma triga, ou quadriga? — perguntou o ex-gladiador.

— Vais na carruagem de Lavínia — informou Marco.

— Não, não e não. — recusou Fulvius — Vamos na minha biga... afinal não estou inválido.

— Não podes ficar em pé muito tempo — exclamou Lavínia.

— Ora por que não? Posso, sim. Só quero um arco e algumas flechas... sei lá o que nos espera na Via Ápia...

— Por certo, irmão. Marco fez um gesto de cabeça ao serviçal, sempre atento. — Um arco e uma aljava com flechas, por favor, Dionísio.

— Vamos, Fulvius.

— Te cuida, cunhado. Beija Virna por nós.

— Assim será. Até breve, Míriam.

— Que Deus te proteja, meu filho.

— Assim será.

Capítulo III

A INTRIGA DE VÂNIA

Nos arrabaldes de Roma, muito atrás do Circo Máximus, havia um local montanhoso, de difícil acesso por ser íngreme e pedregoso e que abrigava cavernas naturais.

Numa delas, fracamente iluminada por archotes de resina, um homem falava à uma pequena platéia:

— ... Pois bem, irmãos, eu o sei. Estive com ele, infelizmente por pouco tempo. Não fui um de seus companheiros, mas o segui em suas andanças, o vi curar leprosos, cegos, fazer mudos falar, e tirar o demônio de muitos. Amai-vos uns aos outros, dizia Ele, pedindo que houvesse amor e compreensão entre todos. Este homem, foi injustiçado, condenado ao suplício da cruz, mas vive em meu coração, como no de todos que o conheceram. Eu, simplesmente, aqui estou para os fazer entender, e esperar pela próxima vinda de um dos seus diletos seguidores, que por certo os fará entender muito melhor do que vos digo, quem foi, e quem continua sendo o Senhor Jesus Cristo. Vede o que aqui fazem com os cristãos. Parte da Via Ápia foi iluminada por corpos ardendo. No entanto, o sacrifício não foi em vão, já que os que se tornaram mártires, estão agora em outra vida... Não tenhais medo, nem ódio em seus corações. Cedo tudo isto terminará, com a vitória dos justos. Em Nome do Pai, e do Filho, eu vos abençôo. Ele disse que em qualquer lugar em que fosse chamado, ali estaria. E está. Ides em paz. Dentro de dois dias, voltaremos a nos encontrar. Ide, agora, irmãos. O homem bebeu água de uma vasilha de barro, e ficou observando a saída daqueles que ali estiveram.

— Queres comer, Cipião? — perguntou uma quase menina, com um pão nas duas mãos.

— Comeste?

— Não ainda...

— Comes... o que restar, então, sim, comerei.

— Cipião...

— Come, filha. Trouxeste este pão para mim, desfalcando o que tinheís em casa. Come, meu anjo. Fora, na pequena multidão que se separava, um homem perguntava a outro:

— O que achaste?

— Não sei... parece-me inofensivo. Um pobre coitado, quem sabe um louco, ou visionário.

— Mas maquina contra o Império...

— Como? — surpreendeu-se o outro.

— Está pregando uma justiça que não vem do forum, nem do Pretório... e aclama um tal de Jesus como se maior fosse que o Imperador... ungido deus... é um blasfemo...

— Calma, Dorthas, é um pobre maltrapilho, em nada ameaça.

— Mas vê a multidão que agora se desagrega?

— Mas que multidão? Uns poucos aldeões...

— Poucos? Como poucos? Mais de meia centena.

— Que podem eles fazer, por Marte?

— Ora, em pouco tempo serão uma centena, duas...

— E daí?

— Ponha armas nas mãos deles...

O homem parou, olhou bem nos olhos do que se chamava Dorthas e disse:

— Não ouviste bem... o pobre homem exaltava a paz, o amor. Como pegar em armas?

— Isto te parece. Mas vou ao Pretório denunciar este fato.

— O que esperas ganhar com isto? Não fizeram mal a ninguém, pelo contrário, lhes deu esperanças de uma vida sem ódio, rancores. Seria uma injustiça chamares aqui os pretorianos. Espadas contra palavras. Safa-te, Dorthas. Se os quer acusar, acusas-me também.

— Por Marte, estás doido, Josefo?

— Por Júpiter, não estou — e dando de ombros: — faze como quiseres...

— Eles podem crescer...

— Pois que cresçam... que sejam os donos de Roma. Seria um governo voltado só para o amor uns aos outros.

— Não sabes o que dizes.

— Sei, sei, sim. Deixa-os em paz... Vamos.

✣ ✣ ✣ ✣ ✣

Em palácio, o Imperador Caio Júlio César Germânico, terceiro Imperador romano, sentado em confortável banqueta estofada com veludo vermelho, pernas esticadas e sem sandálias aos pés, parecia espairecer. Magro, quase esquelético, vestia uma toga branca diáfana, sem nenhuma veste íntima por baixo daquela. Na cabeça, a coroa de louros. Feições emaciadas, olhar inquieto, como dos sem razão. Lábios cruéis. Um escravo aproximou-se bem devagar, e ainda a certa distância, comunicou:

— Meu senhor, uma jovem pede-lhe audiência...

Teve que repetir a frase várias vezes, até que ele, embora olhos abertos, fixasse o escravo, que suava em bicas.

— Que jovem? — finalmente respondeu, encolhendo as compridas pernas.

— Informou-me ter marcado a audiência. Chama-se Vânia.

— Ah! A víbora filha do Senador Apolônio...

— Que faço, senhor?

— Traze-me um manto. Eu a receberei... afinal é muito bonita... vai, lépido...

O serviçal saiu rápido.

— Que quer esta mulher? Favores? Terá que me prestar alguns... — e gargalhou.

Recebeu logo em seguida um manto purpúreo, com apliques de ouro. Deixou-se vestir pelo serviçal e ordenou:

— Manda esta cadela do Tibre entrar. Traze uvas e refrescos, mas... — e levantou a mão — só entrai quando eu mandar... vai, já, não devemos fazer esperar a filha do meu Senador.

Mal o serviçal abriu a pesada porta, a mulher entrou, esbaforida, cabelos desgrenhados, e foi, passos rápidos, em direção ao Imperador, que, de pé, a esperava com um risinho escarninho.

— Eis-me aqui — disse ela parando em frente ao Imperador. Este, segurando uma ponta do manto, respondeu:

— Eis-te aqui? — Como?

— Não marquei audiência?

— E tenho eu obrigação de recebê-la? Apenas por condescendência, quem sabe algum respeito a teu pai...

— Não me mandaste chamar?

Ele desceu do trono, parou ante ela, acariciou seu rosto.

— Não, não mandei... apenas sugeri que viesses à minha presença... naturalmente entenderam, e aqui estás. Vamos, tira esta roupa de caçadora, ou guerreira. Depois, nos entenderemos — e deixou o manto cair ao chão.

Ela o olhou. Seus olhos se embaciaram. O homem era horrível de corpo.

— Não estou em nenhum lupanar, e sim em palácio.

Calígula deu uma gargalhada, deu uma volta e virando-se para ela:

— Conheço-te muito bem. Antes de Tibério morrer, me procuraste, lembra? Querias favores, estiveste em Sejano até sua derrocada. Foste banida — andou um pouco mais e continuou, virando-se bruscamente para ela. — O que queres de mim? Vamos, fala, ainda queres vingança ante os Silonius? — Sei de tudo. Fala, teu deus vivo te ouve...

Maldosa, ela exclamou:

— Sabes de tudo... ah! Se soubesses mesmo!

Calígula parou, e encarando-a retrucou:

— O que não sei, linda víbora peçonhenta? O que? — e agarrando-a pelos braços, sacudiu-a — O que?

— Estão tramando contra ti, oh! divino! Fingiu ela, para reverter a situação.

— Tramando contra mim? Quem?

— Quem? O Tribuno Marco recebeu em sua casa um homem que dissemina entre o povo uma nova religião... O Cristianismo...

— Como Cristianismo? Fala, mulher...

— Ora, imperador — rugiu ela — não mandaste crucificar e queimar tantos cristãos?

Calígula demorou a responder, avaliando a mulher.

— Sim, são hostis a Roma... mas são judeus, o que têm a ver com... Cristianismo? O que é isto? Uma nova religião? Pouco me importa! E dedo em riste: — Sim disseste ser uma nova religião... Como? Não estão satisfeitos com a minha deidade?

Vânia o mirou, olhos apertados, entre medrosa e corajosa. Optou pela segunda hipótese.

— É verdade, divino, isto está acontecendo...

— E, — segurou o queixo com o polegar e indicador, carrancudo — e que tem o filho do Senador Silonius a ver com tudo isto?

— Ele, seu irmão, são os responsáveis por tudo. Fazem reuniões em casa. Há pouco, um homem chegou a Roma, e já está fazendo pregações... e este homem esteve hospedado na casa dos Silonius...

— Tendes disto provas?

— Sim, tenho... Dorthas, o egípcio...

— Dorthas... o mercador?

— Ele mesmo. Viu e ouviu.

Calígula retornou ao trono, cotovelos fincados nos braços do mesmo, mão segurando o lado do rosto.

— Marco, o tribuno, Fulvius, também... e eu jamais pensei nisto!

Raramente vêm a palácio... Estiveram em Jerusalém...
— Verdade, divino, quando o Imperador era Tibério. Na época Sejano, que respondia por tudo na ausência do imperador os confinou para Belém...
— Vânia — disse ele... queria ter-te agora. Mas, fica para outra vez. Vai... vou pensar, e tomar providências. Vai — gritou. A mulher saiu, sorriso cruel no rosto lindo.
— Agora eles pagam o mal que me fizeram — pensou.

✣ ✣ ✣ ✣ ✣

— Puxa, como dói — gemeu Fulvius.
— Calma, estamos chegando... o que vais dizer? Um elefante o atropelou, como disse teu irmão?
— Sei lá, Félix, esta é, em verdade, a parte mais difícil... não sei mentir... não tolero mentiras, sempre as descobrem um dia...
— É verdade...
— Que faço?
— Conta a verdade... foste atropelado quase, por uma triga... só isto, mais nada. Não foi, de fato o que aconteceu?
— Foi, foi.
— Estamos chegando.
Alguns archotes, com sua luz bruxuleante, iluminavam o portão, que foi aberto por dois homens que no sítio trabalhavam.
— Senhor Fulvius — disse um adiantando-se.
— Olá, Vinicius, tudo bem? — respondeu o tribuno.
— Sim, tudo, no entanto a senhora Virna está preocupada com tua demora. Não para de andar pelo alpendre.
— É, houve alguns contratempos, mas, afinal, eis-me aqui. Entraram com a biga até distância mínima da casa. Félix ajudou o amigo a descer. Logo, Virna apareceu, trazendo uma lanterna.
— Fulvius, querido — bradou, descendo os poucos degraus. E vendo Félix: — Oh! Senhor Félix — exclamou obsequiosa.
— Como estás, Virna?
— O que houve? — ela notou os movimentos difíceis do marido, correndo a ampará-lo. — O que houve? — tornou a inquirir, preocupada.
— Calma, minha deusa, calma — respondeu ele, por sua vez enlaçando-a — Foi só um pequeno acidente... não há com que preocupar-te, tenho todos os ossos inteiros.
— Deus! Estás machucado...

Com o amparo dos dois, Fulvius chegou à florida varanda, onde sentou-se em confortável cadeira almofadada. Gemeu. Virna ajoelhou-se à sua frente, examinando-lhe o joelho já bastante intumescido.

— Ai, Deus, como isto deve doer, meu querido.

— E como dói — afirmou ele.

Voltando-se para Félix a moça perguntou:

— Félix, meu querido amigo, o que aconteceu?

— Um acidente... uma mulher em uma triga, quase o atropelou...

— Uma mulher? Em uma triga? — espantou-se ela.

— Que mulher coisa nenhuma — rugiu ferido olhando desaprovadoramente para o ex-gladiador — dois homens... a mulher apenas estava entre eles... quem sabe, bêbados...

— Quem pôs estas bandagens?

— O Domicius, nas termas... (não quis dizer taberna).

— Vamos ter que tirá-las e já. Vou cuidar disto.

— Não, Virna, não agora... deixa para amanhã, com o dia.

— Não senhor — exclamou ela peremptória — tem que ser agora. Vou fazer um unguento, ou não dormirás, com dor. — E para Félix — serve-te de refrescos, amigo. estão sobre a mesa. Há vinho também.

— Eu quero vinho — pediu Fulvius.

Félix riu.

— Tenha calma, querido, vou colher as ervas de que necessito. Ficarás logo bom.

— Veja você, Félix — comentou Fulvius entre gemidos, ao querer acomodar mais a gosto a perna. — Passamos por tantos perigos em Jerusalém, Belém, Cafarnaum, Samaria, Galiléia... para agora, eu estar aqui, desta forma, por uma bobagem...

— É verdade — respondeu Félix sorvendo um gole de vinho.

— Sei não, Félix, mas tenho um pressentimento...

— O que pensas?

— Félix, eu não contei tudo... temia preocupar meu irmão.

— Pois então, conta agora, desabafa, rapaz. O que de fato aconteceu?

— Tudo como contei. Apenas sei, foi proposital...

— Fulvius — e o gigante ajoelhou-se a seu lado. — Como proposital? Quem haveria de querer-te mal? Não estou entendendo.

— Ouve, gladiador — tornou a gemer — um rapaz viu tudo. A biga que veio à frente, e que ia atropelar-me, fez-me saltar para o outro lado, justamente em frente à triga que a seguia. Mal tive tempo de tornar a saltar, batendo a testa no chão, ralando os cotovelos, e tomando esta pancada no joelho, que é a que mais incomoda. Devo ter batido com ele em algo, uma pedra, sei lá...

— Mas isto já sabemos...

— Uma mulher estava entre dois homens, na triga...

— Já nos disseste isto...

Fulvius pôs a mão fechada sob o queixo. Demorou um pouco e completou: Morena e muito bonita... mas com muita raiva, incitava os cavalos...

— Fulvius, o que pensas? Não o estou entendendo...

— Morena e muito bonita... sei não, Félix, tenho um pressentimento...

— Tendes alguma namorada, que soube tu és casado?

— Ora! — rugiu o rapaz — e lá eu iria fazer isto? Tenho Virna, só vivo para ela, pouco me importa outras mulheres...

— Cala-te — disse Félix — eis Virna que regressa.

Calaram-se. A moça parou e passando as mãos nos cabelos do marido, disse:

— Consegui as ervas. Farei um unguento, e ficarás bom, e sem dor. Bebe vinho, amor, isso ajuda.

— Minha deusa... — segurou a mão livre da jovem, já que na outra ela carregava uma cesta de vime repleta de folhas — O Félix ficará conosco esta noite.

— Ora, Fulvius, mesmo que ele quisesse retornar agora, eu não deixaria... Temos um quarto para ele. — E brincando: — Não sei se a cama o aguentará...

— Virna, Virna — disse sorrindo Félix — está tudo bem, não nos preocupeis. Ficarei bem. Amanhã Marco e Lavínia estarão aqui.

— Oh! Marco e Lavínia... que bom, que felicidade revê-los... fica com ele, Félix, vou preparar o unguento — e entrou.

— E agora? Que pressentimento é este?

— Não sei. Por enquanto é apenas isto. Mas, sei lá, ainda me lembro... — Parou, pensativo.

— Lembra-te? Do que?

— Félix — gritou Fulvius ajeitando-se na cadeira e gemendo — lembro de Vânia, ouvis? Vânia, aquela víbora... Morena e linda, Félix.... é disto que tenho medo...

— Meu amigo — e Félix bateu na testa — que bobagem... ela foi desterrada, deve estar longe...

— Não sei. Temo por meu irmão...
— E por que o ataque a ti, e não ao Marco?
— Não sei, não sei... como o Marco nunca sai...
— Calma, Fulvius. Quem foi o rapaz que te informou?
— Chama-se Pietro...
— Nome comum em Roma.
— Sim, sim, mas é filho do Tribuno Cassio Cheréa...
— Ah! Importante, isto.
— Que pensas, gladiador?
— Por enquanto, ainda nada. Mas, quem sabe não iremos precisar deste jovem?
— Sei não.
— Agora, "Senhor da Triga", "Terror de Roma", prepara-te.
— Preparar-me?
— Tua mulher chega com os remédios... — e, dedo em riste no nariz do amigo: — Se gritares, és um covarde, e eu vou contar tudo para o Marco e a Lavínia...
— Vai, monstro maldoso... em minha casa nem sequer posso sentir dor?
— Lá vem ela... Queres que te segures, irmãozinho?
Fulvius soltou um palavrão. Félix sonora gargalhada. Virna apareceu.
— Félix apanha aquela baica na mesa e segura meu marido. Vai doer...
— O que? — berrou Fulvius — este monstro segurar-me?
— Calma, querido, meu pai dorme...
— E não grites — acrescentou Félix sorrindo, e o segurando, fortemente.

Capítulo IV

ESCLARECIMENTOS ESPIRITUAIS

Não muito longe dali, duas pessoas conversavam:

— Enfim, o que é o amor? Um monstro destruidor, que aos poucos mata? Ou um cordeiro meigo, sem jaça, que a tudo aceita e acolhe? Sinceramente, não entendo às vezes...

— Ouve, irmão, o amor é simplesmente amor. O monstro, a que te referes, certamente é o ciúme. O amor puro, é, efetivamente o cordeiro sem jaça, de pelo alvo, mas quando misturado com o ciúme, não mais é o que tudo aceita e acolhe... Tendes razão, no entanto, em não entenderes, como dizeis, às vezes... Às vezes, é o amor tudo, tudo quanto queremos, mas, tem que ser recíproco, puro, sem egoísmo, ou o "monstro" dele se acerca... Aí, irmão, quantos outros monstros se acercam do Amor, fazendo-o cambalear... [12]

— Então, o amor tem duas facetas?

— Oh! Não, não, mas veja: O amor se escreve com quatro letras: A...M...O...R...

— Também, o contrário do amor, tem, também quatro letras: Ó...D...I...O... — E, de acordo com quem ama, se ama mesmo, o ódio não existe... Mas infelizmente, quem ama odeia e quem odeia ama... até expulsarem os maus sentimentos e só restar o primeiro...

— Então, o amor é o mais forte?

— Sempre vence... mas, às vezes, como demora!

— Não entendi... se sempre vence, não é forte?

— Mas claro, é o mais forte sentimento da humanidade...

— Então, por que às vezes, como entendi, perde para o ódio?

— Escuta, o ódio nunca vem só... é o último, mas, chega sempre em seus sequazes, começando pela incerteza, a dúvida, o medo, a calúnia, até chegar ao ciúme, que está embutido em todos eles, e daí para o ódio...

---

(12) Elucidações - os dois tudo sabem, mas discutem em prol dos leitores, elucidando-os. Nota do autor Luiz Carlos Carneiro.

— Mas se a pessoa efetivamente ama, não rechaçará todos estes monstros?

— Mas claro, irmão, claro.

— Então?

— O difícil é que os dois não rechaçam ao mesmo tempo. Quando ocorre, é uma felicidade... Quando não, o sofrimento da dúvida, o primeiro sequaz que o transfere para o outro, até o ódio...

— Mas tem que ser assim? — Se a dúvida for contornada?

— Menos mal, não haverá prosseguimento para o medo. Ouça irmão, tudo é questão de educação espiritual. Sabendo-se que ninguém nasce em definitivo HOJE, o que se deveria pensar?

— Não sei...

— "Amai-vos uns aos outros".

— Mas irmão, esta é uma assertiva do Nosso Senhor Jesus...

— Sei... Mas, sem querer tirar Dele a propriedade desta frase, outros, antes Dele já a propagaram. Todos repetiram o que o Pai Eterno disse para eles, que repetiram para nós. Vês que a lei Mosaica do "olho por olho, dente por dente" não tem cabimento agora. Ali, só valia o ódio, a vingança. "Quem com ferro fere, com ferro será ferido"... se levado ao pé da letra, quem foi ferido pela espada (o ferro, naquele tempo) hoje com bolas, louças, metais cadentes, teriam que morrer do mesmo modo... Em síntese, o profeta quis dizer que quem mata com ódio, com ódio será morto, pois que este sentimento encadeia uma série de pensamentos que levam à vingança, ao ódio... Isto tudo, por falta, como vos disse, de uma educação espiritual. Ninguém nasceu HOJE, já nos conhecemos, seja de qualquer quadrante do planeta, pois já vivemos e também morremos em vários lugares. Disse-te que a frase "Amai-vos uns aos outros", não veio diretamente do nosso irmão Maior, Jesus Cristo. Já o faraó Akhenaton[13], quando à sua maneira fundou o monoteísmo, tentou igualar todas as criaturas, conclamando-as ao amor entre si... Pobre Faraó, que teu nome seja bendito, na história de toda a humanidade.

— Pobre Faraó?

— Pobre no sentido de ter escolhido ser Faraó entre aquela horda de mal educados para o seu tempo.

— Foi um louco, visionário?

— Esta a designação que, dão aos grandes homens, por não encontrarem resposta à altura... Hoje, é o nosso mentor...

---

(13) Akhenaton (Amenófis IV) 18ª Dinastia (1367 a.C. à 1350 a.C. - Egito).

— Está tão longe de nós...
— Cada vez mais... no entanto, a seu pedido, o que mais fortalece o "Amai-vos uns aos outros", vai reencarnar...
— Deus! Por que?
— Sim, sim, porque ama a seus semelhantes, inclusive as aves do Céu, todos os seres viventes... é um santo, como diria o irmão Cipião com referência a Pedro...
— Pedro! Pedro negou o Senhor por três vezes...
— Tinha que fazer... não falei da educação espiritual? Pedro viria como simples pescador, sem se interessar por nada, a não ser pagar seus impostos a Roma e viver rusticamente. Amou o Mestre. O que fez, foi simplesmente, não por duvidar, mas pelo instinto de sobrevivência...
— Instinto... sentimento, sei lá, animal.
— Somos todos animais, irmão... no entanto, com este instinto, sofreu, e compreendeu...
— Gostei do Akhenaton... quem foi ele antes?
— Melquisedeck...
— Puxa, tanto tempo assim?
— Não existe o tempo, nem o espaço. Apenas vivemos. Tudo é relativo.
— E quem disse isto?
— Amenófis IV.
— Quem é?
— Foi... Akhenaton.
— Ora... uma hora é o faraó, outra o Melquisedeck...
— Te disse, este foi aquele antes, o Príncipe da Paz... o próprio Abrahão pagou-lhe dez moedas(14)... O nosso Mestre Jesus foi discípulo dele, chegando a Sumo Sacerdote...
— E nasceu onde? Galiléia, Jerusalém?
— Foi rei em Salém... mas lá não nasceu...
— Então, onde foi?
— Ele não nasceu... nem teve princípios...
— Não entendi... Como pode?
— Calma, ele não teve princípio, nem fim de existência.
— Continuo sem entender.
— Procedemos de um outro mundo...
— Como? Que outro mundo?
— Na vasta casa do Pai, irmão, há muitas moradas... em

(14) Não dez moedas, mas o dízimo de tudo. (Hebreus, 7,2).

uma delas, certamente, está Melquisedeck, Amenófis IV, ao lado do Pai Eterno. a este planeta, mas ama a todos que conheceu e que Dele tiveram conhecimento. É uma estrela, linda, brilhante, e que brilhará cada vez mais na mente dos que o amaram.

— Obrigado, irmão. Mas disseste que ele iria reencarnar. Por que?

— Ora, por que? Quer continuar sua obra...

— Ensinas-te-me o que eu não sabia...

— Não é bem assim.... sabes muito, apenas não sabias de algo... se eu o elucidei assim é a vida, jamais nos julguemos os donos da verdade. Sempre temos a aprender.

— Mais uma vez, obrigado. Mas, falávamos do amor, o maior sentimento da humanidade... fizeste aquela prelação sobre o ódio, crime etc. Mas minha pergunta inicial, foi sobre o amor...

— Mas, eu não respondi?

— Irmão, falo do amor entre todos...

— Que todos?

— Marco, Lavínia, Fulvius, Virna, Félix, Míriam.

— Ah! Queres saber o grau de amor?

— Mais ou menos.

— Irmão, o amor não se mede, não se pesa o amor é somente amor, nada mais. São espíritos afins que se encontraram depois de vasta busca. São da parentela espiritual, e só depende agora deles, a sucessão de reencarnações juntos.

— Sempre serão como são?

— De que forma queres saber?

— Digo o Marco sempre Marco, o Fulvius, todos serão os mesmos?

— No que concerne ao espírito, sim. No entanto, os corpos podem mudar. O Marco poderá voltar em corpo feminino, Lavínia em masculino. Em nada altera o espírito apenas se adaptará ao corpo diferente, e outras maneiras inerentes ao outro sexo.

— E quanto aos transviados sexuais?

— Não existe um terceiro sexo. Quando Deus disse: "Crescei e multiplicai-vos", certamente referiu-se ao homem e à mulher.

— Mas...

— Não nos interessa, agora, discorrer sobre este fato. Nos atenhamos tão somente à história como esta.

— Obrigado, irmão Dulcídio.

Tomaram parte nesta conversa, dois homens idosos trajando ambos compridas togas alvíssimas, cabelos da mesma cor, compridos, misturando-se à barba.

— Fico contente por Jéssica[15] ter encontrado sua alma afim.

— Encontraram-se irmão. Mas a tarefa ainda não terminou. Esperemos que se saiam bem como até então. As forças do mal são terríveis.

---

[15] Jéssica = Lavínia - Ver "O Peregrino".

Capítulo V

O CONVITE DE CALÍGULA

Amanhecia em Roma. O sol, ainda um tanto indeciso, deixava-se ver intermitentemente através de grandes flocos de nuvens cinzentas, prenunciadoras de chuvas. No entanto, a praça logo abaixo do Forum, mostrava ter despertado pouco antes do alvorecer. Mercadores dispondo seus pertences à venda sobre compridos taboados, seda de Damasco, finas como ló, pontilhavam qual bandeiras coloridas em longos varais, outros com quinquilharias domésticas, panelas de barro cozido perpetrados por algum egípcio que jurava a matéria-prima ter vindo das margens do Nilo, quando, efetivamente foram oriundos dos lodaçais do Tibre, armas "chegadas da Fenícia", como arcos e flechas perto dali mesmo fabricados. Frutas as mais várias, flores, e as indefectíveis mesas de peixes frescos. Tudo aquilo emprestava um colorido entre as coloridas colunatas do vetusto Forum. Logo chegariam as bigas, e liteiras com os compradores matinais. Mas neste dia, os vendeiros temiam quase não haver compradores, pois que o céu rapidamente tornava-se escuro, o temporal não demoraria a chegar. O vento, antes uma aragem, aumentava fazendo esvoaçar as sedas e tecidos outros postos à vista.

— É, os elementos hoje estão contra nós — comentava um vendedor de peixe a seu vizinho.

— Sem dúvida, Fabricius, e logo hoje que temos tanto peixe fresco...

— Teremos que os salgar, parece-me.

— Mas o problema não é este... penso nos impostos que temos de pagar amanhã...

— Amigo Caius, que ninguém nos ouça, mas este Imperador é um tirano... Pensávamos ser Tibério pior que os outros, e o que nos acontece? Este homem é um louco...

— Que fazer? Necessitamos viver, e para conseguirmos, temos que pagar os impostos...

— A propósito, já ouviste falar de um certo Cipião?

— Um que discursa, em nome de um tal Jesus?

— Ele mesmo.

— E o que tem este homem? Nos ajudará em algo? Fará o Imperador não nos cobrar estes escorchantes impostos?

— Não, não é isto... é que ele nos incita a ter paz, e perdoar aos que nos ferem...

— Ele então deveria ir ao palácio...

— Olha, começa a chover...

— Sim, mas também estão chegando compradores. Vê, duas liteiras e três bigas...

— Comprando peixes?

A tempestade desabou. Chuva forte, fazendo todos correr para proteger suas mercadorias. As sedas foram resguardadas, e tudo o mais. Naquele dia, pensavam, só prejuízo teriam.

— Por favor — disse um homem protegido por larga capa, quero comprar.

— Mas claro — respondeu Fabricius, enquanto seu vizinho Caius observava.

— Quantos queres?

— Todos, e todos também do teu amigo.

— Como? Todos? — exclamou surpreso o vendedor.

— Todos, sim.

— Senhor, estás brincando? Tenho mais de cinquenta peixes... e os vendo também aos quilos, por partes...

— E teu vizinho, quantos tem?

— O mesmo número — observou Caius.

— Quero-os todos. Consigam-me um cesto, e os levo.

— Senhor, quem és?

— Dono de alguma taberna?

— Isto pouco importa, amigo. Receberás o preço que me pedires. Querem vender, ou não?

— Mas claro — exclamou Fabricius, antevendo o lucro, mesmo pagando os impostos devidos. E saíram a providenciar os cestos, nos quais foram depositando os peixes, contando-os em voz alta.

— Senhor, são cento e dez peixes...

— Quanto custam?

— 35 sestércios...

— Ajudam a levar à carroça?

— Mas claro.

O homem tirou da cintura uma bolsa de couro, dela tirando algumas moedas, que depositou no balcão. Os dois as contaram.

— Aqui tem 40 sestércios, senhor, e o preço estipulado foi 35.

— Sei. Os cinco restantes pagam a ajuda em levar para a carroça, mais os cestos.

— Obrigado, senhor. — Os dois estavam alegres, como nunca estiveram. E, em dia chuvoso, quando nada esperavam. Levaram os cestos para a carroça. O homem subiu segurando as rédeas.

— Quem sois, senhor?

— Apenas um pobre pescador...

— Pescador? — Atônito Fabricius inquiriu.

— Como pescador, se nos compra todos os nossos peixes? — Observou Caius.

— Tento ser um outro tipo de pescador — respondeu o homem, já para dar a partida aos animais.

— E não tem nome? — Voltou a perguntar Fabricius.

— Ah! Sim, tenho um nome.

— E qual seria?

— Cipião — e batendo as rédeas, fez os animais se movimentar, saindo devagar do lugar já começando a fazer lama. A chuva prosseguia, tudo inundando. Do alto do Capitólio, a estátua de um guerreiro em sua biga prateada, mais ainda ficava, devido aos grossos pingos que dela escorria, descendo pelas grandes colunatas, atingindo ao lado o pátio colunável do Forum, descendo em catadupas por seus três degraus e espalhando-se pela praça.

— Viste?

— O que?

— Fabricius, este homem é o tal que te falava antes... Cipião...

— Sim, sim. — Com as mãos no rosto encharcado, Caius respondeu: — Sim, o que discursa? Fala ao povo?

— Sim... ele mesmo.

— Deve ser muito rico... pagar 40 sestércios por nossos peixes!

— Não sei, enquanto ele comprava, vi seus olhos... ele não só pagava... nos dava!

— Nos dava? — Não te entendo.

Molhados até os ossos, os dois retornavam para a rude barraca.

— Ele comprou, repito, mas foi como se nos estivesse ajudando, não comprando... nos dando aquele dinheiro...

— E nossos peixes, todos, não valiam 15 sestércios, isto queres dizer?

— Pois é, Fabricius...

— Acalma-te... somos negociantes. Damos o primeiro preço. Se regateiam, descemos... Ele sequer deu-nos oportunidade para isto. Pagou ao primeiro preço. Que temos com isto?

— Sei, nada, estais certo, mas... mas...

— Que mas?

— Para que ele haveria de querer tanto peixe?

— Naturalmente, uma festança, uma comemoração, isto não nos importa, Caius. Vamos, nos ajudemos a desarmar nossa banca, já nada nos prende aqui, nada temos a vender. Esta chuva não vai parar hoje.

— Vamos sim, mas amanhã eu procurarei este homem.

— Quanto a isto, não te aflijas. Irei contigo.

✣ ✣ ✣ ✣ ✣

— Senhor, está aqui um Pretoriano à tua procura.

— Pretoriano, disseste, Dionísio? — Perguntou Marco levantando-se a meio do triclínio em que descansava.

— Sim, senhor. Diz que tem urgência em falar-te.

— Pois que seja, visto-me e desço. Oferecei a nossa hospitalidade.

— Assim será.

Marco foi ao quarto de vestir, desvencilhou-se das roupas caseiras, vestindo alvíssima toga, penteou os cabelos, e desceu. Encontrou-se com um centurião do Pretório, com sua roupa militar, capacete negro, couraça peitoral e saiote de lâminas negro.

— Ave, Tribuno — saudou o Pretoriano.

— Ave, Centurião. A que devo o prazer de tua visita?

— Senhor, trago-vos uma mensagem do Imperador.

— Sou todo ouvidos. Não queres um refresco, está abafado.

— Não, senhor, teu serviçal já mo ofereceu. Não tenho muito tempo.

— Sim, sim... e a mensagem, oral ou escrita?

— Oral, senhor.

Marco passou uma mão na cabeça, mostrando no semblante, desagrado.

— O que o Imperador manda dizer? — perguntou contrafeito.

— Convida-o a ti e a tua senhora para a festa que dará em palácio, de hoje à três dias.

— Uma festa?

— Sim, senhor Tribuno.

— Mas uma festa sem convite por escrito?

— Ele o acha íntimo, senhor, não haveria necessidade de convite por escrito.

Marco enfureceu-se:

— Retorna a teu imperador, e dize que Caio Marco Silônius só aceita convites ou ordens por escrito e com o selo imperial.

— Mas...

— Não há mas nem meio mas... cumpriste tuas ordens vindas do palácio. Retorna com minha ordem. É só. Ave — e deu as costas, enquanto Dionísio conduzia o aparvalhado pretoriano à porta. Voltando, foi ao patrão que andava nervoso pelo salão.

— Perdão, senhor.

Marco parou, olhou o serviçal.

— Dize...

— Senhor, uma ordem do Imperador...

— E que tem isto, Dionísio? Onde a ordem grafada, selada? Já cai em emboscadas, em traições, para temer tudo quanto verbal seja.

— Senhor Marco, eu posso ir a palácio saber se há veracidade...

— Dionísio — e Marco se acercou do rapaz. — Não temas. Se foi mesmo uma ordem do Calígula, logo este pretoriano retornará. No entanto, agradeço-te a sinceridade e tua consideração. Chamai-me, se necessário. Parece vir uma tempestade, ouço os trovões — encaminhou-se para a escadaria, que subiu a passos largos. Lavínia o esperava no patamar.

— Aproxima-se uma tempestade, querido.

— Sei, meu amor — respondeu ele enlaçando a mulher.

— O que há, querido? Vais sair?

— Como, se estou entrando?

— Bobo, trocaste de roupa...

— Apenas fui atender a um pretoriano. Mas, onde estão todos?

— Ainda dormem. — E preocupada: — Um Pretoriano? O que queria ele?

— Vem cá, amorzinho, deite-se naquele divã. Vamos...

— Tenho que dar ordens, Marco...

— Sei, sei, é só por um instante.

Ela deitou-se, e pôs a cabeça em seu colo. Acariciando seus cabelos, Marco informou, preocupado:

— O Pretoriano nos veio fazer um convite... para dentro de três dias, irmos à uma festa em Palácio.

— Ai, Deus! — ela quis levantar-se, mas o marido fez pressão em sua cabeça.

— Calma, amor...
— O que disseste?
— Recusei...
— Recusaste? E agora?
— Ele não me trouxe convite selado pelo "Botinha". Foi apenas um recado. Recusei, desde que me seja enviado um convite formal.
— Tenho medo — disse ela. Os dedos de Marco enredavam-se em seus cabelos, acariciando-a.
— Com franqueza, Lavínia, eu também. Por que convidar-me, e à minha esposa, para a festa? Ele próprio sabe que sou avesso à estas suas festas. Sim, tenho medo, não por mim, mas por ti e esta criaturinha que tendes no ventre. — E acariciou a barriga da esposa.
— Oh! Querido, talvez estejamos exagerando. O convite pode ter sido por deferência. Afinal sois filho de um Senador, e também o serias, se o quisesses...
— Odeio política... não sei, não sei, algo está no ar... Tenho que ver Fulvius... Félix já retornou?
— Não, ainda não.
— Como disseste ainda dormem?
Ela sorriu:
— Esqueci-me que meu pai havia levado "O Terror de Roma" para casa...
— Tenho que ver Fulvius. Mas devo esperar o Félix. Creio que ele e tua mãe ficarão mais tempo aqui. — e dando uma palmada carinhosa na esposa: — Vai, dá tuas ordens. Só quero frutas e suco.
— Assim será, meu senhor — brincou ela levantando-se.
Marco ficou pensativo, cismarento.

✣ ✣ ✣ ✣ ✣

Em palácio, Calígula recebeu o emissário que enviara à casa do Senador Silônius. Este, narrou todo o acontecido. O Imperador ouviu tudo, sentado, com as mãos entreabertas, dedos separados ante o rosto, batendo uns nos outros, enquanto um sorriso um tanto sádico bailava em seus lábios. Por fim disse:
— Podeis ir.
O emissário saiu, rápido.
Calígula voltou à mesma posição, batendo as mãos diante do rosto. "Então ele quer um convite formal. Terás, sim, com certeza"— pensou.

Capítulo VI

A REVELAÇÃO

— Pai, preciso falar-te.

— Dinheiro, Pietro?

— Não, não, meu pai. Apenas quero perguntar-te algo.

O Tribuno Cassio Cheréa, que trabalhava em seu gabinete particular em sua residência, parou a leitura e olhou o rapaz à sua frente.

— É — comentou — estás um homem. Alto, forte, saudável... queres ser gladiador, ou quereis casar-te?

— Pai...

— Casar-te não aconselho... Há tantas lindas cortesãs e até virgens que se curvariam ante tua beleza máscula...

— Pai, não é nada disto...

— Então, filho, por Marte, fala... já me interrompeste, pouco importa, dize. Eu espero.

— Pai, conheceis o Tribuno Fulvius?

— Fulvius? Ah! Caio Fulvius Silônius? Mas claro... servi sob as ordens de seu pai. Foi um grande general, chegando a senador. Seus filhos, o Tribuno militar Marco e seu irmão Fulvius, também Tribuno, mas de guerra, coorte etc... são também meus amigos, admiro-os. Por que?

— Conheci o Fulvius...

— Ah! — e o Tribuno largou o estilete com que escrevia, sobre a mesa enorme. — Fulvius era cognominado pela rapaziada há algum tempo, "O Senhor da Triga", ou "O Terror de Roma". Era um inconseqüente, fiava-se no prestígio do pai, e discordava do irmão, totalmente diferente dele. Este Fulvius fez tantas coisas por aqui! Entrou para o exército, lutou, chegou rápido a centurião... comandou centúrias, foi chefe de coorte em Jerusalém, agora, creio que com a idade chegando, está mais calmo. Inclusive, casou-se.

— Gostei muito dele, pai.

— Claro, Fulvius é alegre, brincalhão, um grande amigo... mas, o que acontece?

— Ele foi quase morto, meu pai...

— Como? — O militar assustou-se.

— Espera, eu conto tudo.

E Pietro contou todo o sucedido, ante o pai, interessado. Depois do relato, Cheréa perguntou, sério:

— Há quanto tempo isto aconteceu?

— Já há uns cinco dias...

— E por que não me disseste logo?

— Como, meu pai? Nunca tens tempo para mim... desde que mamãe se foi...

— Não fales de tua mãe... ela está bem em Anzio, em nossa quinta... — e saindo detrás da mesa, acercou-se do filho, passando um braço por seus ombros. — Tens razão quanto a não te ter dado maior atenção. Mas, tendes tudo. Só que este monstro que nos rege... Parou, pigarreou — bem, viste a mulher... conta-me.

— Vi, sim e a reconhecerei em qualquer lugar. Era morena, eu a reconhecerei, tenho a certeza.

— Então achas que esta tal mulher queria mesmo, matar o Fulvius... — Mão no queixo, andou pela vasta sala, pensativo.

— Tenho a certeza, pai. Aqueles olhos, o rictus de ódio na boca...

— Uma triga...

— Sim, uma triga, preta e branca, como os dois homens em suas vestes...

— Pretorianos... uma triga não pode ser dirigida por uma mulher... penso eu. Já que um homem tem que ser forte e muito habilidoso para manejar as rodas e as rédeas dos três cavalos. Isto é estranho e estarrecedor... nada aconteceu ao Fulvius?

— Ah! Feriu-se muito. Os cotovelos, o joelho e testa.

— Filho, que queres que eu faça?

— Não sei, pai, como eu também não sei o que fazer. Apenas, sinto como que uma obrigação de ajudar o Fulvius. Pareceu-me um homem probo, gostei dele. No entanto te peço, pai, na tua qualidade de Tribuno e um dos mais, ou o preferido do Imperador, investigue o incidente.

— Filho, não sei como isto fazer. As evidências são mínimas. Quem seria esta mulher? Não sabes tu, não sei eu. No entanto — parou um pouco, pensando — a triga é do Pretório... o que faz parecer — e dedo em riste — apenas parecer um atentado político. Mas como?

O Fulvius e o irmão estão afastados da política. Só nos resta, quem sabe, uma vingança?

— Não sei pai...

— Espera, espera — exclamou Cheréa pensativo, voltando a segurar o queixo.

— O que foi, pai?

— Lembro-me agora... há alguns anos, o Marco Silônius foi vítima de tremenda injustiça, tendo até sido enviado para Jerusalém...

— O que tem isto a ver com o atentado ao Fulvius? — perguntou interessado o rapaz.

— Ainda não sei. Mas quem tudo urdiu foi a filha do Senador Apolônio, Vânia.[16]

— Disseste ser morena, cabelos longos...?

— Sim e muito bonita...

— Por Marte? — bradou Cassio Cheréa — será? Mas, não, não, por bondade dos Silonius ela foi banida de Roma... isto faz mais ou menos uns dez ou mais anos. Foi amante de Sejano, quem se incumbiu de enviar Marco para Jerusalém.

— Será a mesma, meu pai?

Cheréa acercou-se do filho, abraçou-o e disse:

— Não sei, não sei. Como já to disse, admiro e respeito muito os Silonius, são meus amigos. Mas prometo-te investigar.

— Disseste ser ela filha do Senador Apolônio...

— Sim.

— Ele vive, ainda?

— Está decrépito, não sai do leito. Cedo morrerá, coitado.

O rapaz pareceu pensar um pouco, depois, abraçando o pai, falou-lhe:

— Conto em que investigues. Júpiter o bendiga sempre. Volto à academia.

— Terei mais tempo para ti de agora em diante. Estás um homem, e como és forte! Prometo-te. Iremos ao circo juntos, como quando eras criança.

— Ah! Pai, obrigado. Tenho que ir.

— Vai, filho. Te cuida.

O jovem saiu, pensativo.

Caminhando pela rua misturando-se aos transeuntes, ia matutando: "Filha do Senador Apolônio... Pois bem, vou investigar por conta própria. Irei à casa deste senhor. Certamente, reconhecerei a mulher, se caso foi ela quem quis atropelar Fulvius.

---

[16] Ver "O Peregrino".

Capítulo VII

INTRIGAS

— Dorthas, que fizeste?

— Como, o que fiz? Sei lá do que estás falando...

— Dorthas — vociferou o outro — acusaste aquele pobre homem?

— Que homem, por Júpiter.

— Não te faças de desentendido, calhorda — e Josefo, avançou para o homem esmirrado, magro, olhos pardos, nariz aquilino, segurando-o com uma mão no pescoço.

— Me larga, o que deu em ti?

— Fala, miserável... foste ao Pretório acusar aquele pobre homem? — e ameaçou esmurrá-lo. Dorthas teve medo, tremeu ante aquele homem de compleição muito mais avantajada que a sua. — Acusaste-me também?

— Não, não Josefo, eu não faria isto.

— Mas fizeste com ele?

— Sim, é um aliciador...

Josefo o empurrou, e bravo:

— Sois um suíno... que mal te fez aquele homem?

— Não o acusei no Pretório. Apenas conversei com alguns pretorianos meus amigos. Só isto.

— Como só isto? Uma decúria do Pretório o procuram.

— Que posso fazer? Certamente o meu amigo bateu com a língua nos dentes...

— Miserável... E quanto recebeste?

O homem se recompôs, e encarando o ex-amigo, disse-lhe:

— Não interessa. Eu não sabia da importância daquele "pobre homem", como o denominas. Por um servo da cada dos Silonius soubemos ter ele pernoitado lá. Fui levado depois a um lugar, onde contei tudo a uma mulher. Ela me deu dez sertércios...

— Uma mulher?

— Sim, linda como Vesta...

— Mas não percebeste nada? Como o servo do Senador Silônius afiançou o que dizes? E por que?

— Ora, estava ele na taberna do Crato... havia bebido, e contou-me sobre este tal pescador...

— Contou-te... então, fostes aos Pretorianos e falaste tudo...

— Soube ele estar, ou esteve hospedado na casa do Senador Silônius. Os pretorianos ouviram a conversa. Falou também sobre um acidente que houve com um dos filhos do Senador. Não sei porque, me chamaram, pagaram bebidas, e me levaram à tal mulher. Apenas repeti o que me disse o servo... ela sorriu e me deu as moedas, mandando-me embora. Que mal eu fiz?

Josefo passou as mãos no rosto. Demorou um pouco e respondeu:

— Sei lá... mas que fizeste, isto eu sei. Vai, não o quero mais como meu amigo.

— Josefo...

— Vai, acusa-me também, quem sabe não terás mais moedas?

— Josefo, minha Nádia está doente, necessitava de dinheiro.

— Sinto pela pequena Nádia... ela não merece o pai que tem. — Deu as costas e saiu.

✣ ✣ ✣ ✣ ✣

Félix retornava com a biga de Fulvius. Sentia saudades de Míriam, e nela vinha pensando. A estrada de barro batido não ensejava maior velocidade dos cavalos. Atrás, erguia-se vetusto, o monte Palatino, a maior das sete colinas de Roma. Chegou sem contratempos à residência de Marco. Entrou rápido. O Tribuno o esperava em seu gabinete.

— Ave, Marco — saudou.

— Ave, Félix. — respondeu Marco levantando-se — Como deixaste meu irmão?

— Não houve nada de importância. Apenas intumescimento do joelho, o que, efetivamente, dói. Em um ou dois dias ele estará completamente bom. Virna vai bem e envia-lhes seu abraço. O velho Zacarias é que não vai lá muito bem... a idade...

— É verdade. Da última vez que o vi, coitado, não dizia coisa com coisa...

— E nada podemos fazer.

— Sim, é verdade, é a lei natural... vê meu pai? Está na mesma. Mas, amigo Félix — continuou ele voltando a sentar-se - vou necessitar de seus préstimos.

— Seja para o que for, Marco, estarei sempre contigo. O que quereis? Esqueceste algo em Belém? Jerusalém? Dizei e vou de bom grado buscar para ti...

Marco sorriu, bateu na mesa e disse:

— Sei que farias isto. Mas, não, não é tanto. Mas estou preocupado. — Félix sentou-se em uma banqueta de mármore ao lado da mesa. Descansando um braço sobre esta, falou:

— Por que a preocupação? O que houve?

— Esteve aqui um pretoriano que me veio trazer um convite.

— Que espécie de convite?

— Calígula nos convida, a mim e à Lavínia, para, dentro de três dias, irmos à uma festa em palácio...

— Festa? — espantou-se o ex-gladiador — Mas todos sabem em Roma, és avesso a festas palacianas, principalmente...

— Ele próprio disto sabe — respondeu Marco sustentando o queixo no punho cerrado, cotovelo na mesa. — Não sei o que pensar...

— Aceitaste?

— Não, não aceitei. O convite foi verbal, não formal. Mandei o emissário de volta.

— E o que pensas?

— Não sei, apenas receio. Este homem é um monstro. Lavínia está grávida, tenho medo. Ele não respeita ninguém...

— Ele por certo vai enviar o melhor convite que puder conseguir, se de fato o quer nesta festa. Aí, sim, será causa de preocupação.

— Preciso ver Fulvius — observou Marco com o semblante preocupado.

— Transmiti à Virna que havias prometido ir lá hoje.

— E irei. No entanto, não posso pedir-te ir comigo. Tem seus deveres para com Míriam. Vou com Lavínia.

— Ora, Marco... iremos todos, eu, tu, Lavínia e Míriam. Passaremos o dia inteiro lá. Aquele lugar nos faz bem, e eu gosto tanto em ver os pássaros pousar nos braços e mãos de Virna... E, Marco, não será ela uma deusa?

O tribuno sorriu divertido.

— Por certo que é... não conseguiu domar o meu irmão? Só uma deusa poderia fazê-lo.

— Ela é um anjo, Marco, e está ansiosa por ver Lavínia.

— É recíproco, Lavínia tem por ela um amor maternal.

Félix em seus quase dois metros, cuidou um pouco, em seu jeito habitual, mãos entrelaçadas nas costas. Marco já havia visto aquela atitude antes. Vendo o amigo levantar-se da banqueta, por sua vez deixou seu posto atrás da mesa, e aproximou-se.

— Espera — disse pondo a mão espalmada na larga espádua do amigo. — O que tens? Félix virou-se. Tinha a testa vincada.

— O que tenho? Para um pouco, amigo Marco — e pôs as duas enormes mãos nos ombros do Tribuno. — Teu irmão, teu pai e mãe, a própria Lavínia, tanto já sofreram. De minha parte, de uma forma ou outra, eu também sofri... já enfrentei tantos na arena, inclusive feras, e sobrevivi... agora, no entanto, amigo, tenho medo... e dizes não pedir-me ir contigo por deveres à Míriam... Como a encontrei, naquele antro em Jerusalém? Na época, sim, eu não necessitaria acompanhar-te. Mas agora? Queiras tu ou não, tomo a liberdade de dizer-vos que, desculpe a pretensão, faço parte da família, não de sangue, mas por obrigação.

O Tribuno comoveu-se ante aquela sincera declaração. Segurando os punhos do enorme amigo, olhos rasos d'água, respondeu suspendendo-lhe os braços:

— Irmão, companheiro, meu amigo. Sois, sim, da família. Sois como um irmão para nós. Jamais te pagaremos o que a ti devemos. Se queres escapar, fugir, esquecer-se, tudo bem, que seja, eu compreendo...

— Marco, que palavras são estas? Jamais eu, Félix os deixaria.

— Eu sei, Félix, sei.

— Apenas me senti excluido, quando disseste eu não necessitar ir... Eu o deixaria ir só com Lavínia?

— Teus deveres de esposo para com Míriam. E passaste quase dois dias fora...

— Marco, Marco! — exclamou Félix — deveres de esposo... sei a que te referes... Tenho, sim, outros deveres... este, a que te referes, não nos apoquente. Míriam, efetivamente está acima destes pensamentos ditos deveres. Somos felizes, sem termos "os tais deveres de esposo", são eternos por eu estar sempre com ela... eu a amo independentemente de sexo.

— Félix... cada dia surpreendes-me mais. Eu entendo, esqueça. Você vai... Míriam também. Abraçaram-se.

— Fulvius estivesse chegando agora — disse abraçado ao amigo — o que diria, lembra-te?

Félix deu uma sonora gargalhada, respondendo, imitando a seu ver, a cara de Fulvius:

— "Irmão! Perguntei-te certa vez, se eras homossexual!"...

Riram ambos.

Capítulo VIII

ESCLARECENDO DÚVIDAS

Haviam começado, e bem adiantado já estava, o Coliseum, faltando alguns detalhes, porém já a arena, o fosso dos animais, ainda, vazios, estavam prontos. A escola de gladiadores, já havia se mudado para o local. O Circo Maximus, no entanto, continuava. Por trás da enorme construção, que fazia os cidadãos romanos admirarem-se, várias vias se misturavam. Na via Cláudia, em frente à belíssima residência, um homem parou diante de alto portão de ferro com incrustações em seus ligamentos com chumbo. A casa ficava adiante de bem cuidado jardim, onde flores dos mais variados matizes mais ainda embelezavam o local, e o perfume delas emanados chegava até a via. O homem, vestido com um saiote azul claro, um cinto branco, sandálias de tiras grossas, bateu palmas. Era moreno, alto, de compleição atlética, cabelos longos. Esperou. Tornou a bater palmas. Andou um pouco, inseguro. Teve que repetir as palmas por mais vezes, até que o vieram atender: três mastins ferocíssimos, dentes arreganhados, rosnando e latindo. Um homem apareceu, gritando os nomes dos animais e gesticulando com tiras de couro nas mãos. Presos os animais, amarrados em um mourão, voltou-se ele para o visitante, áspero:

— Que quereis? — Esta é a residência do Senador Apolônio...

— Perdão, eu sei...

— Sabes, então o que queres? — Perguntou com truculência.

— Acalma-te, criatura... Chamo-me Pietro. Sou filho do Tribuno Cassio Cheréa, secretário do Imperador. A pedido deste, vim fazer uma visita ao Senador.

O homem transformou-se todo em mesuras. Não sabia se sorria, ou abria o portão.

— Sim, sim, senhor secretário...

— Não o sou, e sim meu pai... — corrigiu Pietro.

O homem conseguiu abrir o portão. Os cães, presos, não paravam de latir, furiosos.

— O que tem eles?

— Não gostam de estranhos. Foram ensinados para matar.

— Que pena, são lindos animais. Posso aproximar-me?

— Por favor, senhor, não...

— Nem iria — brincou o rapaz. — Bem, posso ver o Senador?

— Já que tendes ordens do Imperador, claro. Mas, ele não está bem, já não conhece as pessoas, senão por laivos de consciência. Mas, a filha dele o receberá.

— Filha? — mentiu Pietro — Não sabia que ele teria uma filha.

— Ah! Tem, sim, a senhora Vânia. Venha, levar-te-ei até ela.

Os cães continuavam a ladrar, furiosos. Pietro seguiu o homem por um corredor entre o jardim. Havia uma escadaria com poucos degraus até o alpendre, entre quatro colunas, duas de cada lado, antes da porta. O homem a abriu, convidando Pietro a adentrá-la. Este o seguiu, achando-se em uma grande sala, com alguns triclínios e pedestais com esculturas.

— Espera, vou anunciá-lo à senhora Vânia. Fica à vontade, senta-te.

Pietro ficou a admirar a decoração daquela sala enorme. Admirava uma escultura marmórea de Isis, que, despida mas com um manto nas partes chamadas púdicas, parecia viva, quando ouviu atrás de si uma voz:

— Bem-vindo. O que o trazes aqui?

Voltou-se rápido e viu diante de si, uma mulher linda, se bem muito mais velha que ele. Morena, cabelos soltos aos ombros, vestida com leve e diáfano tecido branco, pés descalços. Sobressaltou-se. Reconheceu nela a mulher da triga. Mas, como estava diferente! Não havia o rictus de ódio em seus lábios que agora sorriam, isenta do ódio que vira. Pigarreou, meio sem jeito, balançando os braços. Controlou-se e respondeu, forçando um sorriso:

— Perdão, sou filho de Caius Cheréa...

— Caius? — disse ela aproximando-se.

— Perdoa, Cassio, quis eu dizer...

— Esqueceste o nome paterno?

— Não, não... é que estava pensando em um amigo. Os nomes são parecidos... — e olhou bem no fundo daqueles grandes olhos, lindos, e descobriu naquelas pupilas algo que o fez ficar alerta. Era como se mirasse uma fera no circo. — Não a quero entediar, senhora.

— E nem estás, jovem. O que o traz aqui?

— Bem — mentiu Pietro — vim visitar teu pai. Soubemos estar ele muito doente. Como é amigo do meu pai...

— Vieste saber de sua saúde...

— Verdade.

— Como te chamais, mesmo?

— Pietro Cheréa.

Ela acercou-se mais ainda dele.

— Ah! Cassio Cheréa, o Tribuno... um dos preferidos do imperador.

— Sim.

— Meu pai, infelizmente, por ordem médica, não recebe visitas. Já sequer reconhece ninguém... e isto é sabido por toda Roma. Principalmente em palácio: — Matreira, notando o momentâneo desequilíbrio do jovem, pôs-lhe uma mão em seu ombro — Queres beber algo? Ou preferes algumas guloseimas? Temos figos e tâmaras do Egito.

— Não, não quero. Sinceramente, se toda Roma sabe da decadência física de teu pai, o meu, acredito, não foi bem informado. Devido à sua preocupação sobre este amigo, quis fazer-lhe uma surpresa. Peço-te desculpar-me. Retorno, no entanto, não de todo triste, pois que conheci uma linda mulher.

— Agradeço-te — respondeu ela sorrindo — pelo galanteio. Mas, não vai ainda, ficai mais um pouco — e com um gesto grácil, apontou um grande e confortável divã forrado com pele de tigre — vem, sentemo-nos um pouco — e segurou-lhe a mão, conduzindo-o como um cãozinho para o móvel. Sentados, perguntou: — Que idade tendes?

— Dezenove, senhora...

— Oh! Tão jovem e tão forte! Praticas esportes?

— Sim, vários jogos.

— Logo vi... 19 anos e pareces um touro. Tens namoradas? Quantas?

— Ora, senhora...

— Por certo que deveste ter, e muitas — disse ela faceira.

— Ainda não pensei nisto, podeis crer.

— Mas como não? És virgem?

Pietro a encarou sério, mas desconfiado.

— Não, não sou virgem... Já conheci mulheres. Se é isto que perguntais.

— E não poderia ser de outra forma. És um jovem muito bonito. Parabeniza teu pai.

— Como te chamais? — inquiriu ele. Ela meneou a cabeça, ladina.

— Vesta — respondeu sorrindo.

— Ah! Não pode ser...

— E por que, não?

— Que me perdôe a deusa, sois muito mais bonita que ela.

Vânia deu uma gargalhada, mostrando os dentes alvos e perfeitos.

— Se não queres declinar teu nome, respeito-te. — Chamar-te-ei de filha do Senador Apolônio... tens irmãs?

— Não, não tenho. Cheguei há poucos dias de viagem.

— Esconde-te, então? Tiras a tantos o direito de usufruir com os olhos tão linda mulher? Ou serás tu uma vestal?

— Agradeço-te, jovem, comovida. Prometo-te convidá-lo para minha próxima festa. Pena o estado de meu pai.

— Eu é quem te agradeço — respondeu o rapaz levantando-se. — Direi a meu pai o estado em que se encontra o Senador.

— Já se vai?

— Sim, tenho ainda algumas missões...

— Devem ser importantes — e ela também levantou-se, segurando os antebraços do jovem.

— Nem tanto. Devo ir à residência do Senador Silônius... — Como se um raio caisse sobre ela, sua fisionomia alterou-se, seu corpo enrijeceu-se, e suas mãos sem controle apertaram fortemente os braços do jovem, suas unhas aguçadas o ferindo.

— Ai — gritou ele, puxando os braços. Um filete de sangue apareceu um pouco acima do pulso. — O que há — bradou examinando o pequeno corte. Ela tentou controlar-se, pôs uma mão na testa, titubeou levemente e arfando mentiu:

— Perdoa... estive com febre há pouco... mas já passou. — E tomando os braços do rapaz — feri-te?

— Não foi nada, esquece...

— Vem, levo-te à porta. — e segurando pela mão, conduzi-o à varanda. Chamou o serviçal, despediu-se de Pietro, que seguiu o empregado até o portão, sob os latidos furiosos dos cães.

— "É ela" — pensou o rapaz. Linda e fingida... Não se conteve ao ouvir o nome do Senador Silônius. Ah! O Fulvius tem que saber disto...

Capítulo IX

PEIXES E OVELHAS

Em uma caverna, ampla como se fosse enorme salão escavada na pedra pelo Supremo Arquiteto, dezenas de crianças, e idosos de ambos os sexos, comiam em pedras enormes à guisa de mesa. O chão, escuro, em certa parte estava coberta com as mais variadas peles. O cheiro de peixe frito inundava toda a caverna. Alguns homens defumavam outros tantos, e das fogueiras alimentadas por galhos de árvore secos, a fumaça erguia-se, mas logo era aspirada por orifícios ao lado das rochosas paredes. Alguns, homens e mulheres, deitados em catres improvisados, recebiam de outros colheradas de alimento. As crianças, claro, brincavam revolvendo-se na areia macia, ou correndo umas atrás das outras, no folguedo natural da idade. Em um canto, sob uma réstia do sol que adentrava por interstícios na pedra, três homens conversavam, um contando moedas:

— Trouxeste muito peixe, Cipião...

— Melhor que menos — comentou o chamado Cipião, contando as moedas — alguns serão salgados e defumados. Proverão a todos durante um bom tempo.

— Mas tem chegado cada vez mais, mestre.

Cipião parou a contagem, e volvendo o olhar para o interlocutor, observou:

— Quanto mais peixes pescarmos, melhor...

— Não falo de peixes, Mestre, e sim de gente. Chegam a toda hora...

— Não me chames de Mestre. Não o sou. Mestre só o ungido pelo Senhor Deus. Quanto ao que nos disse, somos como uma grande rede, e os pequeninos, ou velhos que nela caem, são peixes diante do Senhor.

— Mas — objetou outro — Tudo que cair na rede, serão peixes?

— Fiz apenas uma analogia, e sei que entendeste, irmão. Mas, não, necessariamente nem tudo será peixe. No entanto, nossa preocupação é incutir neles o amor ao próximo, a compreensão do ajudai-vos uns aos outros. Em um rebanho, existe também ovelhas desgarradas, que, se assim as deixarmos, tornar-se-ão selvagens, podendo até comprometer todo o resto. Mas, se as procurarmos, e as conduzirmos de regresso ao seio das outras, por certo ficarão melhores. Não estamos tecendo armadilhas, apenas trazendo as ovelhas desgarradas para nós. E quanto maior for a rede, mais "peixes" teremos...

— Ora, peixes com ovelhas... — comentou um. Cipião voltou a sorrir.

— Os peixes são os que conseguimos fazer crer Naquele que veio ao mundo para nos salvar. As ovelhas, serão aqueles que, já conscientizadas, serão meigas criaturas que continuarão a ajudar-se mutuamente. Ele, era chamado o Cordeiro de Deus, por sua mansuetude e carinho.

— Então, pegamos os peixes e os transformamos em ovelhas?

— Quem sabe, irmão, quem sabe?

— Para um pobre pescador, como conseguiste tantas moedas?

Cipião o olhou fixo, depondo as calmas mãos sobre a superfície da pedra que servia de mesa, deu e ombros, sorriu e respondeu bondoso:

— Não parei, entendas, irmão, de trabalhar. Fui pescador com Pedro, que um dia, espero, conhecerás, depois, transferi-me para outra cidade, chamada Gaza. E ainda trabalhando muito, fui estalajadeiro, negociei conseguindo amealhar algumas moedas. Retornei à Jerusalém para rever meus companheiros, e o Rabi. Não consegui vê-lo. Também, fui fora-da-lei ao lado de um líder. Que Deus o tenha. Os egípcios me tiraram a taverna que eu tinha. Daí, as moedas, satisfeito?

— Como sofreste!

— Não, apenas aprendi. Agora, conto as moedas que sobraram. Não vão servir para muita coisa, já são poucas.

— Sossegai, Cipião, nós conseguiremos mais, pedindo.

— Deus tudo provê, quando se tem boa vontade.

✣ ✣ ✣ ✣ ✣

— Vamos, Fabricius? Já o sol se põe.

— A chuva parou, mas vê, Caius, que ainda ameaça...

— Ora, ides ou não?

— Mas, claro que irei... este homem nos deu tanto, que, quero ouví-lo. Vou, vou sim...

Fabricius apanhou, de um lado da pobre casa em que residia, um cajado de madeira de lei, pôs sua capa, e acompanhou o amigo. Relâmpagos ainda iluminavam o céu, vez por outra um raio descia coruscante, precedido pelo trovão. Mas a chuva, se bem ainda presente, diminuiria para apenas cortinas finas, mas que molhavam. Andaram chafurdando no lamaçal que a tempestade havia deixado.

— É longe — disse Fabricius.

— Sei.

— Terá alguém lá, nas cavernas? Ou vamos regressar sem nada vermos?

— Só saberemos lá, amigo, mas não iremos para ver, suponho...

— E para o que, então?

— Ouvirmos amigo. Ouvirmos.

✣ ✣ ✣ ✣ ✣

— Sois Dorthas, o mercador?

— Sim, sou, senhor Decurião — por que me quereis?

— Ordens do Império.

— Do Império? E que tenho eu, um simples homem do povo a ver com o Império?

O oficial, todo paramentado, em seu traje militar, segurou o punho da espada na cinta, e arrogante perguntou:

— Sois, sei, um vil larápio, um mercador desonesto.

Dorthas quase cai de quatro na lama. Medroso, sacudiu as mãos à frente, quase gritando:

— Sou Dorthas, sim, o mercador... mas sou um egípcio...

— Dá no mesmo... todo egípcio é isto quanto to disse. Cruéis e traidores...

— Que quereis de mim? — exclamou Dorthas lívido.

— Por mim, representante de uma raça de víboras, matar-te-ia agora. Mas — e cheio de asco, cuspindo ao lado — tenho ordens de que nos acompanhe até o homem, que, disseste, trama contra o Império... Vamos — e fez menção de tirar a espada.

— Mas não sei do que se trata — resmungou medroso o homem. — Já disse tudo àquela mulher...

— Nem eu sei... apenas o que afiançaste a alguém, que foi a palácio contar ao Imperador. Pouco me importa, posso matar-te aqui e dizer que tentaste fugir, egípcio sujo. E não sei de qual mulher falas.

— Calma, Decurião, calma — gritou o homem, medroso — disseste eu ter afiançado a alguém.... o que?

— Onde se reúne um tal pescador que trama contra o império.

— Ah! Sim, sim, sei.

— Pois vais levar-me até lá, amanhã, após as chuvas...

— Por certo, por certo o levarei. Estarei aqui amanhã.

O oficial sorriu escarninho, e segurando-o pelas vestes junto ao peito, rugiu:

— Sei que estarás, egípcio imundo... mas nas masmorras até amanhã. — e para os soldados: — Levem este homem preso, às masmorras do Pretório. A pão e água, à minha disposição. — E soltando o assustado homem: — Vou lavar minhas mãos por ter-te seguro, infame rato egípcio. Levai-o.

E Dorthas foi manietado e levado aos safanões pelos soldados. O Decurião suspirou forte, e em uma bacia, lavou as mãos. Só poderia ser egípcio... murmurou.(17)

---

(17) Embora muito diminuído, os romanos odiavam o Egito, que chamavam terra de feiticeiros, e mais ainda por simpatia a Júlio César e Marco Antonio, seduzidos por Cleópatra, tendo os dois trágico fim. Se mandados para o Egito, sequer queriam pagamento. Só o poder destruir tudo, riscando-o do mapa, seria a glória. - N.A. Esp.

CAPÍTULO X

O AVISO

Pietro parou ante o portão da mansão dos Silônius. Olhou por entre as grades de ferro, procurando alguém a quem pudesse chamar. A casa ficava afastada, por certo não seria ouvido. Esperou até que viu, ainda um tanto longe, um homem e um cão. Animou-se, e gritou. O cão latiu, o homem olhou e dirigiu-se ao portão.

— Que quereis, jovem?

— Desculpa, esta é a casa do Senador Silônius?

— Sim, é.

— Eu queria falar com Fulvius...

— Perdão, jovem, mas aqui reside o Tribuno Marco. O Fulvius, na Via Ápia, em seu sítio. Raramente aparece aqui. Tendes alguma mensagem?

— Não, não, é que ele disse-me que o procurasse aqui. Tenho algo importante a dizer-lhe.

— Espera, jovem, vou prender o cão.

— Ficam assim, desprevenidos?

— Como desprevenidos?

— Ninguém ao portão...

Jeremias (pois era ele) sorriu. Segurando o cão, respondeu:

— Com suas desculpas, jovem, adianto-te que jamais qualquer pessoa entraria aqui, forçando a passagem. Como é teu nome?

— Pietro... Pietro Cheréa.

— Espera um pouco. Vou comunicar ao Tribuno e logo retorno.

— Estarei aqui.

Pietro ficou admirando o jardim, mas sem entender porque, a entrada daquela vetusta residência estava desguarnecida. De repente, a chuva começou a cair, forte. Ele se abrigou embaixo de uma árvore copada nascida dentro do terreno da herdade, mas que esgalhava-se para fora do muro. De qualquer modo, a água acumulando-se nas folhas, começaram a soltar pingos, e cedo o rapaz estava completamente encharcado. Foi quando Jeremias retornou:

— Podeis entrar, jovem — disse.

— Ora, assim encharcado? — respondeu zangado o rapaz.

— Desculpa pela chuva... vê, também estou assim como o senhor. Entrai, vamos.

— Já nem sei se deva — comentou Pietro.

— Calma, jovem, terei lá todo o conforto e secaremos tuas roupas. — Abriu o enorme portão, e disse: — Sabeis ter doze flechas apontadas para ti?

Pietro surpreendeu-se.

— Como?

— Em cada árvore que vês, há um arqueiro. Afora os cães, que agora estão comendo. Aqui, só entra o senhor Fulvius e pessoas que antes avisam da chegada...

— Quer dizer que, se alguém pular o muro...

— Não estará morto, se assim pensas, mas, ferido, garanto-te, não irá à frente.

— E os cães?

— Ah! Estes soltamos depois... e ninguém escapa deles. Vamos, o Tribuno o espera, mas, está de saída.

— Vamos, vamos — respondeu Pietro abanando os braços. No alpendre, Marco e Félix o esperava. Após as saudações, o jovem, meio sem jeito, disse:

— Perdão, senhor Tribuno, não tive a intenção de atrapalhar-te.

Marco o mediu de alto a baixo, antes de responder:

— Sois bem-vindo à nossa casa... sois Pietro, filho de Cassius Cheréa...

— Sim, sim — respondeu, lábios batendo de frio.

— Entrai.

— Senhor — tartamudeou o rapaz — vou molhar toda a tua casa...

— Jovem, vais, e sim, secar-te e mudar as vestes — vem — e passou o braço sobre o ombro do visitante. Este olhou para o gigante ao lado do Tribuno, admirado. Brincando, Marco disse:

— Não tenhais medo... ele só devora crianças tenras... e já és um rapaz. — Félix sorriu, e tomando o jovem das mãos de Marco, disse:

— Só como inimigos. Vem, estás com frio. Levo-te à sala de banhos. Há roupas que te servirão. Após, conversaremos.

Pietro olhou para o Tribuno, que sorriu, dizendo:

— Vai, rapaz, vai, sem medo, ele só tem tamanho, não o devorará, garanto-te. Espero-te. — Foi em direção ao seu gabinete, sentou-se, com os cotovelos fincados na mesa, mãos segurando a cabeça, uma em cada lado do rosto. Assim o encontrou Lavínia. Usava um vestido todo alvo, um cinto azul que, acima do ventre deixava notar o mesmo crescido. Os cabelos soltos, uma tiara de ouro na testa, e sandálias baixas, a faziam parecer a própria Isis[18].

— Marco — exclamou ela com preocupação na voz, algo o preocupa?

Marco refez-se, e logo levantou-se. Sorriu alegre.

— Oh! meu amor, perdoa, perdoa, estava tão longe em pensamento.... — acercou-se da esposa, beijando-a, com todo o carinho, acariciando sua barriga.

— Estavas longe? Onde? Com quem? — respondeu perguntando a linda mulher, esquivando-se, fingida, dos beijos do marido.

— Só conto se deixares beijar teus lábios — retrucou ele carinhosamente, tornando a acariciar seu ventre.

— Só deixo se me fores sincero... onde estavas?

— Pensando...

— Pensando? Em quem?

— Em ti, em Jerusalém, e neste rapazinho aqui e apertou a mão na barriga da mulher.

— Ai, Marco... — gemeu ela.

— O que foi, deusa?

— Estou com ciúmes...

— Ciúmes? De quem?

— Dele, ou dela — disse, pondo a mão espalmada sobre a do marido em sua barriga. Ele sorriu, ela voltou a cabeça para ele, que a beijou sofregamente.

— Marco! — reclamou ela fingindo estar zangada — não me apertes tanto.

— Ah! De fato, nada posso com a mãe, imagine com dois...

Ela entregou-se aos abraços do marido, completamente "inofensiva".

— Que tens, meu amigo, meu esposo?

— Nada. Apenas sonhava acordado. Revi em pensamentos aquelas terras nas quais andamos e sofremos, no entanto sendo felizes... Pensei Nele, aquele gigante bondoso, e no mal que Lhe fizeram!

— Gigante?

— Sim, gigante em suas assertivas, gigante na bondade, gigante em tudo, mas transformado em cordeiro, morto daquela maneira absurda e vilipendiosa.

---

[18] Isis não é privilégio do Egito — nós romanos a cultuávamos. N.A.E.

— Jesus da Galiléia... — disse ela.

— De Belém, Galiléia, Jerusalém, só Jesus, o Cristo... Que pena não pudesse eu fazer nada...

— Tentaste, meu amado...

— E que adiantou?

— Marco, Ele próprio sabia do que iria acontecer... não se queixou. Se quisesse, legiões de mensageiros do Seu Pai o viriam defender... Mas, Ele fez muito, e muito fará ainda.

Marco apertou mais a esposa ao peito.

— Ele curou Virna, lembra-te?(19)

— Sim, usando-te, minha querida...

— A minha fé, amor, a nossa fé...

— Eu te amo, Lavínia...

— Curou também o "Terror de Roma"... — e sorriu, fazendo o marido rir também.

— É verdade! Ah, Fulvius... eu não atinava no grande amor fraterno que ele demonstrou...

— Como mudou! Eu amo aquele ex-louco...

— Mais um motivo para eu ter ciúmes...

— Do Fulvius? Então tens também do Félix e do Dimas, da Virna, pois eu os amo também.

— Lavínia — disse ele sério, olhando-a nos olhos.

— O que foi?

— O Félix é muito forte... não posso com ele...

Ela gargalhou, apertando o abraço. Ficaram por instantes naquele enleio. Logo em seguida Marco, separando-a de si, mas segurando sua mão, disse-lhe:

— Sabias que temos visita?

— Visita? Com esta tempestade? Quem seria?

— Pietro Cheréa...

— Pietro Cheréa? Devo ter-lhe conhecido?

— Não, amor, não. É filho único de Cassio Cheréa, um dos preferidos do Imperador...

— Oh! Deus — exclamou ela medrosa. Ele a pôs a par da chegada do visitante.

— Marco.... o que ele quer?

— Logo saberemos. Félix o levou ao quarto de banhos, estava encharcado. Gostarás dele, é um rapaz muito simpático...

— Mas o pai, o preferido de Calígula? Tenho medo.

---

(19) Ver "O Peregrino".

— Vivemos, antes, no medo, amor. Hoje, não mais. Tudo passou... e o pai não é nenhum preferido...

— Não vamos à casa de Fulvius?

— Por certo... vê, a chuva cessa — disse olhando para fora. — Esperemos.

Ficaram ainda alguns momentos a sós, quando ouviram passos.

— Pelo barulho das pisadas, só pode ser o Félix — comentou Marco, fazendo a esposa rir. E acertou. Félix assomou à entrada do gabinete. Vendo Lavínia, sorriu dizendo:

— Perdoem-me, não quis interromper os arrufos...

— Dize, gladiador — falou Marco — nosso visitante, como está?

Lavínia correu para "o pai honorário", dando-lhe o braço. Este fez um afago em sua cabeça e sorrindo respondeu:

— Ele está bem, Marco... e tem uma história a contar... se bem que fosse dirigida a Fulvius, achei por bem que a ti também seria de bom alvitre a ouvisses.

— Fulvius andou fazendo algo? — perguntou o Tribuno levantando-se.

— Não, não, não é nada disto...

Marco virou-se para a esposa:

— Por favor, amada, avisa tua mãe, logo partiremos para o sítio de Fulvius. E que Jeremias ou Dionísio aprontem uma carruagem e uma biga.

— Assim será, meu senhor — brincou ela, sabendo que o marido queria ficar a sós com o visitante. Saiu.

— Vamos, Félix, estou curioso. Só espero não ser más notícias...

— Nem tanto. Vamos.

Foram encontrar o rapaz sentado em uma banqueta, tomando um caldo quente. Levantou-se rápido ante a chegada do dono da casa. Vestia roupas emprestadas, sentia-se um tanto deslocado. Marco aproximou-se com aquele seu sorriso franco.

— Ave, Pietro...

— Ave, Tribuno.... perdoa o constrangimento que vim dar-te.

— Ora — Marco pousou a mão destra em seu ombro — senta-te. Vejo que te serviram algo quente...

— Foi muita bondade.

— Bebe, sem receio. Far-te-á bem. Pelo vapor que desprende, deve estar mesmo quente. Estavas tiritando de frio...

— Estou bem agora, senhor.

— Sois filho do meu amigo Cássio Cheréa...

— Sim, sou.

— E vieste aqui para entrevistar-te com meu irmão Fulvius... vamos, bebe, antes que esfrie...

O rapaz obedeceu. Era um caldo de legumes, e fez com que ele recobrasse a serenidade afastando o frio. — Conheces o Fulvius?

— Tive o prazer de conhecê-lo... de maneira um tanto inusitada, mas vi nele um homem honesto e bom. Meu pai contou-me algo sobre ele, e o senhor. Tem meu pai grande admiração pelo senador Silonius, com quem combateu em várias guerras.

— Sei, e agradeço. Efetivamente Cassio Cheréa é um grande amigo de meu pai. Mas, se não te incomodas, estamos de partida para o sítio de meu irmão. Ele sofreu um acidente, vamos visitá-lo. Se queres confiar-me teu recado, o darei.

— Estive conversando com este senhor — e olhou para Félix...

— Ele me disse. Creio no entanto que preferirias contar tudo o que queres, a meu irmão, diretamente...

— Sem dúvida, senhor... se me permites, regressarei aqui outra vez, quando souber que ele está em Roma.

— É muito importante, pelo que vejo, o que tens a contar ao meu irmão.

— Muito, muito importante...

— É sobre o que?

— O acidente, senhor Tribuno, não o foi. Foi proposital...

— O que? Conta-me — rugiu como um leão bravio o Tribuno.

— Eu vi a mulher, senhor.

— Quem é, e o que pretende esta mulher? Falai...

— Calma, Marco, o rapaz está assustado.

Marco passou ambas as mãos nos cabelos.

— Perdoa — disse suplicante — que tens a fazer hoje e amanhã, Pietro?

— Por que, senhor? Praticamente nada. Não terei aulas, só vou à academia...

— Podeis ir conosco ao sítio de meu irmão?

— Senhor...

— Enviarei um emissário à casa de Cassio Cheréa, e o notificarei que vais a passeio conosco. Que dizes?

— Senhor... vou necessitar de roupas...

— Estas te cairam bem. Outras levaremos. Sabes dirigir uma biga?

— Claro...

— Resolvido então. Contarás toda tua história ao Fulvius. Sabes segurar um gládio? Arco? Pilum?

— Como poucos, Tribuno.

— Félix, manda o Dionísio aprestar mais uma biga, guarnecê-la com piluns, arco e flechas. E dá-lhe uma espada. Jeremias levará a mensagem ao Cassio Cheréa. Aceitas?

— Aceito.

— Muito bem. Eis minha esposa e sogra que chegam. Apresta-te Félix. Quero chegar ainda com a luz do sol.

— És muito simpático, jovem — disse a esposa do Tribuno, correspondendo aos cumprimentos do rapaz.

— E bonito — acrescentou Míriam — Quem esculpiu Adonis baseou-se em ti?

Pietro sorriu encabulado.

— Ele nos acompanhará à casa de Fulvius — informou Marco pondo a capa vermelha nos ombros. Depois o capacete emplumado. Um serviçal trouxe-lhe a couraça de metal reluzente com figuras em alto relevo. Cingiu a espada. — Vamos?

Deu o braço à esposa e sairam.

Capítulo XI

A AMEAÇA A CIPIÃO

— Josefo, Josefo — gritava um soldado, batendo na porta de um casebre, com os punhos cerrados. Repetiu várias vezes as pancadas, até que a porta foi aberta por metade, e alguém que não se fez mostrar de todo, perguntou com voz que o acusava ter estado dormindo:

— O que é?

— Calma, sou eu, o soldado Lívio.

— Lívio? — E a porta foi totalmente aberta, assomando ao umbral um homem de grandes barbas negras. Passou as costas das mãos nos olhos e continuou:

— Lívio, o que queres?

— Desculpa, Josefo...

— Algo aconteceu? — interrompeu o homem.

— Teu amigo foi preso...

— Amigo? Mas que amigo?

— O egípcio, homem...

— Dorthas?

— Sim, homem, sim. Está nas masmorras do Pretório.

— Mas, por que? — E Josefo saiu de todo da casa, fisionomia alterada.

— Não sei bem, mas ao que soube, ele terá que guiar uma decuria a certo lugar nos arrabaldes, para prenderem um homem que maquina contra o Império.

— Por Júpiter... — bradou Josefo amparando-se no portal. — E quando vão?

— Amanhã. A região está muito enlameada devido às chuvas. Acharam melhor irem amanhã.

— Pobre Nádia...

— Nádia? Quem é?

— A filhinha daquele insensato. Deuses! Tenho que ir buscá-la, está doente e agora só...

— E quanto ao homem?

— Tenho que avisá-lo também. Ajudas-me Lívio?

— Farei por ti o que pedires, Josefo. E ainda ficar-te-ei devendo.

— Sois um soldado...

— Posso usar roupas civis.

— Então, por favor, corre às cavernas, sabes onde ficam...

— Sei, aquelas perto das catacumbas?

— Sim, sim, o sabes.

— E que faço?

— Procura avisar a um homem alto, com espessa barba negra... o líder, que saiam imediatamente dali. Que se espalhem, antes que os soldados lá cheguem...

— E tu, o que farás?

— Vou buscar Nádia.

— Ora, este Dorthas te atraiçoa e vais ajudar a filha dele?

— É uma criança, doente e desamparada, não tem culpa do pai que tem...

— Tens um coração enorme...

— Vai, Lívio, corre.

— Só o tempo de tirar estas roupas, e lá estarei, podes ter certeza. A noite chega, não me reconhecerão. Ide descansado, farei o que me pediste.

Josefo entrou na pequena casa, vestiu-se e saiu, levando na mão grande cajado com o qual se apoiava na lama deixada pela chuva. O céu, se bem ainda cor de chumbo, em partes clareava, prenunciando o fim dos aguaceiros. Seguiu por estreitas e malcheirosas ruelas de casas pobres, saudado e saudando aos poucos transeuntes que o conheciam. Até que parou em frente à modestíssimo casebre, de uma porta e uma janela. O mal cheiro de excrementos de porcos e comida fermentada feriu suas narinas. Bateu com o cajado à porta por várias vezes, até ver uma réstia de luz tremeluzir por baixo da mesma. Logo em seguida, uma vozinha leve, sumida:

— És tu, meu pai?

— Nádia, abre a porta, criança... É o Josefo.

A porta abriu-se, deixando ver uma criança aparentando uns dez ou doze anos. Vestia um roupão de linho grosso surrado, cheio de remendos. Uma candeia de azeite na mão, que iluminava parcamente seu semblante.

— Josefo — murmurou ela.

— Apaga a candeia, menina, ainda temos luz do dia. Economizas o azeite.

Ela soprou a chama, apagando-a. — Dentro de casa está escuro — disse.

— É que está toda fechada, Nádia.

— O que houve? Onde está meu pai?

Josefo a olhou ternamente, comovido. Nádia era uma linda mocinha, mas as marcas do sofrimento a fazia parecer mais velha do que efetivamente era. Os cabelos negros e espessos, desgrenhados, lhe caiam sobre os ombros. As mãos, de dedos finos e compridos, tremeram quando o homem a segurou.

— Tenha calma. Teu pai mandou-me buscá-la.

— Mas por que, Josefo? Os porcos estão com fome, brigam entre si... ele ficou de trazer alimentos para eles, da praça do mercado...

— Não te preocupes com os animais. Eu volto aqui e os alimentarei.

— Mas onde está meu pai? — perguntou com voz trêmula de ansiedade.

— Ele teve que fazer uma viagem.... — mentiu Josefo — Sabes, como mercador, não pode furtar-se à um bom pagamento. E como era de muita urgência, só teve tempo de pedir-me para cuidar de ti. Vem, querida, teu amigo Josefo e Túlia cuidarão bem de ti.

— Oh! Josefo, tenho medo!

— Vem cá, menina — e abraçou a pequena, constatando um calor excessivo em seu corpo. Febre — pensou — Vem, Nádia, vem, eu te levo no lombo, como quando eras uma pequerrucha.

— Tenho que apanhar algumas coisas, Jós...

— Gostei de que te lembraste de chamar-me, quando menor: Jós. Vai, apanha somente o necessário. Espera — e tirando da bolsa uma pederneira, acendeu a candeia. — Agora vai, não te demores.

"Coitadinha — pensou ele — está com febre... maldito Dorthas que a faz trabalhar entre porcos... Isto não é uma casa, é uma pocilga".

A menina retornou. Apenas trazia na mão uma pequena sacola. Trancou a porta e sorrindo disse:

— Vamos, Jós...

— Vem — ele respondeu, abaixando-se — segura-te em meu pescoço, cruza as pernas em minha cintura...

— Não, Jós, não...

— Não reclames. Queres tirar deste velho o prazer de lembrar como brincávamos antes? Anda, vamos.

Ela obedeceu. E ele saiu, em princípio pulando para fazê-la rir, depois, em passos largos.

✣ ✣ ✣ ✣ ✣

— Sabeis que tenho medo de aventurar-me por esta parte da cidade?

— Ora, Fabricius, tens medo de tudo...

— Tudo, não, Caius. Apenas de homens. São as piores feras que existem... e com este demônio à frente de tudo, o que esperamos?

— Por isto andas armado?

— Claro. Esta besta me foi presenteada por um fenício... não a largo, quando tenho que aventurar-me por tais lugares como este.

— Não vais encontrar inimigos por aqui...

— Assim espero. Mas... nunca se sabe.

— Vamos, à noite de fato é perigoso andarmos por aqui, mas tão somente por tropeçarmos e cairmos em uma dessas grotas.

— Mas que lugar este homem foi escolher! — Reclamou Caius.

— Se a mulher que nos ensinou o caminho o tiver feito certo, estamos quase chegando.

— E foi verdade...

— Como isto afianças?

— Vê — e Caius esticando o braço, apontou — aquelas claridades intermitentes, não são mais que fogueiras.

Fabricius parou, conferindo a direção. Viu, observando:

— É verdade, sois um grande observador. Mas, temos que descer, tomamos um lugar íngreme...

— Sim, do lado de lá daquelas pedras, por Júpiter, é uma fortaleza natural.

— É, para nós que vemos por aqui. Mas, vê, a via transversa ao pontilhão de Julio César, leva direto à colina, e às cavernas.... Viemos pelo caminho difícil.

— Menos mal, pelo menos não fomos vistos...

— Mas que me doem os pés, isto é verdade...

— Segura-te, desçamos.

— E nem sequer uma candeia trouxemos...

Começaram a descida, segurando-se como podiam. Os calhaus rolavam, as mãos ardiam ao roçar nas pedras. Finalmente chegaram a terreno plano. As fogueiras estavam perto, e começaram a ouvir um vozerio oriundo da mais e mais bem iluminada.

— Por Marte, o que estará acontecendo lá dentro? — inquiriu Caius.

— Nada que nos possa assustar...
— E por que não? Ouve os murmúrios?
— Vês aquelas crianças brincando à entrada?
— Sim, correm, pegam-se...
— Se houvesse algo de tenebroso lá por dentro, estariam assim?
— É verdade, Fabricius... Quem haveria de querer mal a crianças?
— Andemos. Esconde tua besta no manto.

Aproximaram-se da grande caverna. Já ali o piso era macio, de terra vermelha. Chegaram ao que se poderia chamar de átrio, onde crianças brincavam e sequer se apercebiam de suas presenças. Passaram por uma grande fogueira, que, além de iluminar o caminho, fornecia calor para o interior.

— Mas, que lugar é este — disse Caius... Dá-me medo.

— És medroso por natureza. Vê, o homem que nos comprou os peixes vem a nosso encontro.

Cipião aproximava-se, sorrindo. Vestia-se como sempre, naquele surrado hábito. Parou em frente aos dois homens.

— Ah! — exclamou — Os vendedores de peixes. Chegaram bem na hora.

— Perdoa, senhor, não vos queremos importunar.

— Não o fazeis, em absoluto. Muito pelo contrário, agradeço-vos a visita. Vinde comigo, deveis estar cansados. Os caminhos são íngremes, e com a chuva tornam-se até perigosos. Temos uma sopa quente que os fortalecerá. Sigam-me — e voltando as costas, começou a andar para o interior daquela gruta natural. Os dois passaram por várias pessoas, idosos, jovens, que se alimentavam.

— Que faremos, Fabricius?
— Nada. Isto aqui cheira a paz, tranqüilidade.
— É verdade — sinto-me como um ladrão.
— Ladrão?
— Bem, é que, tendo vendido aqueles peixes a este senhor...
— E vendo a quantos ele alimenta?
— Como sabes?
— Pensei o mesmo que tu, amigo. Sinto-me da mesma forma...
— Trinta e cinco sestércios...
— Quarenta...
— Por Júpiter, se eu os tivesse agora, daria de bom grado a ele.
— Pensamos igual. Coincidência?

A caverna abria-se em espaçoso salão, e espalhadas em seu interior, móveis rústicos confeccionados com restos de madeira, caixotes etc.

Camas improvisadas, forradas com mato seco e pedaços de pano, nas quais estavam deitados idosos de ambos os sexos. Havia cheiro de remédios, infusões no ar. O homem chamou uma mulher, com quem trocou algumas palavras. Depois, retornando aos dois visitantes:

— Estejam à vontade. Logo receberão um prato de sopa. Os peixes que me vendestes fizeram um bom caldo.

— Senhor Cipião — disse Fabricius — de bom grado devolver-te-ia os sestércios que me pagaste...

— Não, amigo, bobagem. Sois vendedor, tendes impostos a pagar... e precisais viver.

— Senhor — ajuntou Caius — Dos peixes que tivermos, doravante, uma parcela será tua...

— Sei, e em nome do Senhor, agradeço.

— Do Senhor? Quem?

— É uma longa história... um homem muito bom, um rei...

— Um rei? Então sois rico por teres um amigo rei...

Cipião sorriu, cofiou a barba e respondeu:

— Um rei... mas seu reino não pertencia à este mundo...

— Perdão, não vos entendo.

— "Muito, muito além da vida é o seu reino, irmão!"

— É então um Deus?

— É o filho do Próprio Deus.

— Seu reino é muito além da vida... então está morto?

— Sim, morto na carne, mas vivo em espírito, vivo nos corações dos que O conheceram.

— Quem sois, mesmo, senhor?

Cipião sorriu.

— Um pobre pescador de almas. Tento, dentro do possível, preparar o caminho daquele que está por chegar. Este, sim, tem o mandato do Filho de Deus para espalhar sua doutrina. Eu apenas preparo o caminho para ele.

— Pois nós tentaremos ajudá-lo, de alguma forma.

— Só o teres vindo aqui, já é grande ajuda. Agora, fiquem à vontade. Eis a sopa que prometi.

Uma mulher trazia duas tigelas contendo a sopa fumegante, e uma códea de pão. Entregou aos dois, que se afastaram para um canto e começaram a saborear calmamente, enquanto a tudo observavam.

— Parece que está chegando mais gente — observou Caius.

— É verdade — concordou o outro.

De fato, a caverna dentro um pouco já regurgitava de pessoas, homens, mulheres e crianças.

— O que vai acontecer aqui? — inquiriu Caius.

— Seja o que for, amigo, será coisa boa. Só vejo bondade, até felicidade nestes semblantes. São pessoas simples como nós, e, se bem reparares, alguns são nossos conhecidos. Vê aquele que entra?

— Quem?

— Aquele que brinca com aquela criança, não o reconheceis?

— Ah! Mas é o soldado Lívio... sem a farda...

— É um bom menino. Um dia chegará a centurião.

— Vamos a ele?

— Não, não, se ele nos achar, tudo bem.

Nisto, Cipião apareceu. Vestia um manto branco, tomou lugar em cima de uma pedra, ficando um tanto acima dos circunstantes.

"Pai Nosso que estais no Céu"— começou a orar. Alguns, que já o conheciam, repetiam suas palavras. — Aqui estamos — disse depois da oração — para dar e pedir. Para dar esperanças a quem não as tem mais, e para pedir por todos nós, a Ele, o Cordeiro Divino, que se deixou crucificar para salvar-nos. Eu O conheci, não o vi morrer, por estar ausente daquela terra. Mas, os amigos mais chegados Dele, os seus discípulos, me puseram a par do que fizeram. Deixou-se imolar qual cordeiro no altar de sacrifício, para nos remir e salvar. A sua palavra, que tento agora preservar e fazê-los compreender, jamais se deteriorará com o tempo, tal qual estatuetas de tantos deuses feitas de argila que se dilaceram ao menor contato e fenecem descendo-nos entre os dedos em forma de pó. O homem que é sábio jamais fará sua casa sem um bom fundamento, forte alicerce. Os ventos vêem, a chuva e a construção se desagrega. No entanto aquele que fundou os alicerces em terreno forte e nele ergueu sua casa, que venham os ventos e a chuva, que não o incomodarão. É necessário, tal qual esta parábola por Ele dita, que os homens se conscientizem de Sua Presença, e da Presença de Deus. Ele, em Nome do Pai, fez milagres, curou cegos, doentes e aleijados. No entanto, eu vos digo, que para tudo isto acontecer, é necessário se ter fé. E para ter fé no Filho do Homem, é também necessário que se O conheça, que se familiarize com tudo quanto Ele fez, para que nosso coração e pensamento esteja pari passu com Sua obra, e a ela tenhamos dado a máxima importância.

Nisto, um burburinho, um alarido, as pessoas abrindo caminho para uma senhora que, chorando conduzia uma criança aparentando uns 12 anos, do sexo masculino. Era um rapazinho raquítico, e vinha muito assustado, boquinha aberta. Cipião parou sua prédica e esperou. A mulher rogou-se a seus pés e suplicando pediu:

— Sei, senhor Cipião, que se pedires a Teu Senhor, conforme propalas, meu filho voltará a falar. — Fez-se silêncio — A mulher continuou, chorosa, voz embargada: Há dois anos ele caiu de uma árvore, passou por alguns dias entre a vida e a morte, desacordado. Quando voltou à razão, não mais falava. Pede, senhor Cipião, ao Teu Jesus, que cure meu Tito, por favor, já não sei mais o que fazer. — E prorrompeu em prantos. Cipião aproximou-se, sério, mas preocupado. Afinal, pensava ele mesmo, teria condições ou merecimento para ao menos dar lenitivo àquela mãe? No entanto, não titubeou. Pôs uma mão no ombro da criança, aparvalhada, outra em sua cabecinha, e fechando os olhos, disse alto, cabeça voltada para o teto pedregoso da caverna:

— Faça-se a vontade do Pai Eterno. Em Nome do Filho, eu vos rogo, Senhor, atendei à súplica desta mulher, mãe. Que não seja por merecimento meu, mas da fé que ela demonstra em mim, espelhando-me a Ti. — E para a criança, voltando a olhá-la: Tito, fala com tua mãe. Ela necessita de ti. Estás me ouvindo?

A maioria dos circunstantes conheciam aquela mulher, e estavam a par do que acontecia ao filhinho. Daí, o brado de satisfação e alegria, quando o garoto, voltando-se para a mãe, disse claramente:

— Mamãe... eu posso falar... — e abraçou-se à mãe, que prorrompera em choro convulso, bradando:

— Grata, seu Cipião, grata. — Cipião, voltando a cerrar os olhos, orou alto:

— Obrigado, Senhor Jesus, só Tu poderias ter isto feito. Que não seja meu o mérito, mas desta mãe que teve fé. Obrigado, Senhor.

A criança sorria e falava com todos, com a mãe a ele agarrada, puxando-a para falar com este ou aquele.

— Amigos Fabrícius e Caius....

— Hein? — Os dois amigos se voltaram e deram diante deles, o soldado Lívio.

— Ah! Lívio — exclamou Fabrícius.

— Vimo-te brincar com uma criança... mas, com tantas pessoas, não nos foi possível chegarmos a ti.

— Não tem importância — respondeu Lívio sorridente — Mas que fazeis aqui?

— Ora — inquiriu Fabricius surpreso — E o que fazeis?

— Calma, só vim fazer um favor, a pedido de um amigo...

— Tens alguém doente? Viste o que o Cipião fez?

— Sim, vi, e muito me admirou. Conheço a criança, há dois anos não conseguia articular uma só palavra. Os amiguinhos já o tinham apelidado de "mudinho"...

— Ah! Pois agora terão que o chamar de "tagarela"... veja, ele não para de falar.

— Assim é. Mas, não, não tenho alguém doente. Só vim dar um recado ao líder.

— Líder?

— Sim, aquele homem não é o líder de toda esta gente?

— De que se trata?

— Vós sois meus amigos. Aproveitemos que todos estão eufóricos, acompanhai-me até o homem barbado. Ouvireis e sabereis minha missão aqui.

Os dois se entreolharam.

— Não o vais prender...

— Oh! Não, pelo contrário, amigos, o vim avisar de algo que poderia culminar com sua prisão...

— Vamos, então...

Cipião ainda recebia cumprimentos, e, sincero, fazia ver a todos que ele próprio nada fizera. Mas a gentalha o assediava, alguns até beijando seu manto, o que, intimamente agradeceu, lembrando-se Daquele que vira certa vez, na distante Galiléia, ser assim tratado. E as lágrimas inundaram seu rosto. Foi quando os três homens se acercaram dele.

— Desculpa, senhor, tenho algo importante a dizer-vos — falou Lívio.

— Certamente, amigo, desculpa-me tu, por esta gente boa e pura nos assoberbar. Mas, vem comigo, e podereis falar à vontade. — Afastando-se delicadamente de tantos que o queriam segurar, levou os três amigos para um canto da caverna. Ali perguntou:

— Que quereis falar-me?

Lívio pigarreou antes de responder:

— Senhor, sou um soldado de Roma...

— Sim, sim — interrompeu-o Cipião — mas o que quereis?

— Amanhã, bem cedo, uma decúria o virá prender.

— Prender? — berrou Caius.

— Prender, por que? — exclamou Fabricius.

— Não sei, não sei ao certo. Apenas trago um recado de alguém que muito o admira, e que soube do que vos falo, através de outra pessoa. Pediu-me para avisá-lo. Peço-vos retirai-vos para lugar seguro. Correis perigo.

Cipião passou a mão pela espessa barba, pensativo.

— Mas, por que, Lívio? — inquiriu Fabricius — que mal este homem fez?

— E viste — completou Caius — o que aqui se passou. Ele acaba de curar um mudo... olhai em volta, que mal, fez este homem?

— Calma, amigos — disse Cipião, Ele também não fez nenhum mal e foi crucificado. Não, não me olhem assim, longe está minha intenção de comparação, mas, em nome de todos os que aqui estão, farei como me dissestes. Pedirei a todos que retornem às suas casas, não quero que nada lhes aconteça.

— Mas, senhor, e os doentes, que vejo deitados sem poder andar? — perguntou Caius.

— Se eles aqui chegaram, com ajuda de amigos, os amigos os levarão.

— Conte com nossa ajuda — ofereceu-se Fabricius.

— Com a minha também — completou Lívio.

— Vamos, vou falar a esta pobre gente.

— E para onde ides, Cipião?

— Ainda não sei. Mas Deus me dirá.

— Esconde-te por uns dias — sugeriu o soldado — nas catacumbas. Ali os soldados não entrarão.

— Pensarei nisto, e vos agradeço. Agora tenho que os avisar.

— Deus, que mal fez este homem? — murmurou Caius.

— Deus? Que Deus? — interrogou Fabricius pondo a mão no ombro do companheiro, que o olhou apalermado.

— Deus, o verdadeiro — murmurou.

Capítulo XII

ESCLARECIMENTO DE CASSIUS

A comitiva chegou à casa de Fulvius. Adentraram. Este, estava sentado em confortável e macia poltrona, com a perna direita cheia de bandagens, apoiada em uma banqueta.

— Eia, "Terror de Roma" — gritou Marco, subindo correndo os poucos degraus.

— Marco, meu irmão — respondeu Fulvius recebendo o abraço e beijos em ambas as faces, do irmão.

— Como estás, Tribuno? Uma pancadinha à-tôa te deixa inoperante? Onde o Fulvius que conheci?

Fulvius deu uma gargalhada e respondeu, brincando:

— Onde estou? Aqui, sentado, esperando a minha deusa que demora com meu vinho. — E, vendo os outros chegarem: — Deus, Míriam, que alegria... — novos beijos e abraços. — Cunhada, vieste resolver a compra? — perguntou ele matreiro à Lavínia que o abraçava e beijava.

— Que compra? — Perguntou ela rindo.

— Dou o dobro do que meu irmão pagou por ti... mais ainda, pois que não és só uma — e afagou a barriga de Lavínia.

— Ouviste, Marco? — perguntou ela ao marido.

— Claro que ouvi... ouvimos todos. E, diante de todos, digo-te, que um dia ainda te matarei... Ambos riram.

— E Virna?

— Vai, cunhada, ela está lá dentro. Pedi vinho e uvas, até agora! Deve estar com o pobre pai, está muito doente. Vão, entrem, ela vai cair de alegria. — E para Félix: E tu, gladiador? Nada de filhos? Ou será que...

— Parai — gritou Félix levantando os braços, mostrando os possantes músculos, fingindo atacar.

— Félix, meu amigo.

— Pois é, "Senhor da triga"...

— Este rapaz, quem é?

— Ah! Oh! Marco, esquecemos de apresentar o nosso amigo...

— Também com este irresponsável a tagarelar... Fulvius encarou o jovem, parado, à sua frente, depois disse:

— Rapaz... conheço-te. Vós me ajudaste naquela acidente.

— Sim, senhor...

— Ele é filho de Cassius Cheréa — disse Marco.

— Sei, conversamos... aproxima-te, jovem. Mas tu aqui? Conheces meu irmão?

— Necessitei procurá-lo, Tribuno... mas não estavas em casa de teu irmão...

— Ah! Sim, então, o trouxeram aqui... Ficai à vontade.

— Fulvius — interrompeu o irmão — Ele nos procurou para comunicar um fato importantíssimo. E quero que nossas mulheres não tomem conhecimento.

Fulvius levantou o torso, gemeu, levando a mão ao joelho doente. Olhou os três e perguntou, preocupado:

— Então veramente é algo importante o que têm a me comunicar...

— É, Fulvius, muito importante.

— Félix, vai lá dentro, e dizes às mulheres que não venham aqui. — E para Marco: Como vês, irmão, não temos aqui um gabinete. Somos pessoas simples. Aqui, nesta varanda, eu decido tudo.

— Calhorda... rugiu Marco — aquela casa também é tua, o sabes muito bem.

— Gosto do ar livre, do mato, meus cães, e plantar. Não sou político. Portanto — e olhando para Félix — vai, gladiador, avisa às mulheres.

— Que topete — resmungou Félix rindo e se afastando.

— Não te demores, gladiador. Quero tua presença, aqui, e já.

Ficaram conversando, até que Félix retornou. Então, Marco pediu ao rapaz:

— Podes contar, Pietro.

O jovem pigarreou, aproximou-se mais um pouco e disse:

— Senhor... — Fulvius o interrompeu, pedindo:

— Não me trates assim. Chamo-me Fulvius e só.

— Bem, o que te aconteceu em frente à taberna, Fulvius, não foi um mero acidente.

O Tribuno ficou sério. Com um gesto de mão, pediu que o jovem continuasse.

— Aquela mulher, deliberadamente, tinha a intenção de atropelar-te.

— Como sabes?

— Fiz uma investigação por conta própria. Meu pai ajudou. Ele os estima muito, contou-me o sucedido com ambos há uns dez anos, talvez.

— Sim, sim, toda Roma soube.

— Sei. Mas meu pai falou em uma mulher que foi a responsável por tudo...

Fulvius tornou-se mais sério ainda.

— Disse-me meu pai ter ela sido banida de Roma, que não poderia ser a mesma pessoa. E quando disse ser ela filha do Senador Apolônio, resolvi investigar.

— E? — perguntou Marco preocupado.

— É ela, sim. Chama-se Vânia.

— Meu Deus! — exclamou Marco pondo uma mão à testa. Fulvius olhou para Félix.

— Não te disse, gladiador, de minhas suspeitas?

— Verdade — assentiu o gigante.

— Que faremos?

— Desta vez, eu a mato, com minhas próprias mãos — rugiu Fulvius tentando levantar-se.

— Calma, calma aí, meu irmão.

— Como calma?

— Vamos atirar ao Tibre tudo quanto com Ele, Jesus, aprendemos?

— Marco, meu irmão — disse quase chorando Fulvius — Ela aprendeu algo? Só ódio e traição, o mal que nos fez, apenas aumentou, a ponto de querer assassinar-me? É uma víbora peçonhenta, temos que esmagá-la com nossas sandálias. Gemeu. Félix se manifestou:

— Teu irmão tem razão, Fulvius. Não devemos nos comparar a ela.

— E ficar esperando "montanha de músculos", que ela nos mate a todos? Eu poderia estar agora sendo pranteado, minha Virna viúva... E o que farias, Marco? Apenas esperar chegar tua vez? O mal, neste caso, sairia vencedor?

— Não é tanto, irmão.

— Como não?

— Graças a Pietro, soubemos de tudo. Podemos nos defender...

— Fulvius — interveio Pietro — a triga que quase o mata, era do Pretório... assim como os dois homens que a dirigiam...

— Mais esta... vê, irmão? Do Pretório... ela já começou tudo de novo... já aliciou algum grande Pretoriano... e agora?

— Esperemos. Agora já sabendo, poderemos nos defender...

— Marco, meu irmão — disse Fulvius com a voz embargada, fitando o irmão — passamos por tantos perigos, lá naquelas terras hostis, entre gente da pior espécie... vimos um inocente morrer, pelas leis romanas. Conseguimos nos safar de toda aquela hecatombe. Voltamos pensando tudo ter terminado, que viveríamos em paz... Vimos cair um tirano, eis-nos em mãos de um outro pior. E vamos ficar de braços cruzados? Não, meu irmãozinho, não... ficai certo, eu Fulvius Silonius, tribuno militar, voltarei a ser o "Terror de Roma", o "Senhor da Triga". Conheço amigos que me seguirão, agirei na calada da noite, mas não admitirei que voltemos a sofrer tudo novamente. — E olhos fitos nos do irmão: Não te peço nada. Ficai certo, porém, que o defenderei, e ao pequeno Dimas ainda no ventre de tua mulher, contra tudo e todos. — Baixou a cabeça e chorou baixinho.

— É uma temeridade, irmão — conseguiu dizer Marco, comovido. Pietro adiantou-se, pôs a palma da mão aberta no ombro de Fulvius e disse, solene:

— Contai, desde já, comigo. — Fulvius o olhou, e pôs a mão sobre a do rapaz.

— Obrigado, jovem, sei disto...

— Bem, quanto a mim, estarei sempre a teu lado — disse Félix — para o que der e vier...

Marco andou um pouco pelo alpendre, por certo dando tempo para lhe secarem as lágrimas que desciam pelo rosto. Só então tirou o capacete, passou as mãos nos olhos e voltando-se, disse:

— Irmão, recebi um convite do Imperador.

— Convite? Para o que?

— Para uma festa em palácio.

— E aceitaste?

— Ainda não, pois o convite foi verbal. Mas por certo ele fará outro.

— Por Deus! - rugiu Fulvius — estão apertando o cerco...

— Não devemos pensar nisto ainda, irmão...

Fulvius exasperou-se, quase levantando-se, mas sendo contido pela dor. — Não devemos pensar? — gritou — devemos esperar que nos ataquem ou que nos matem? Irmão, não o visse lutar comigo lado a lado naqueles confins, mandar-te-ia voltar às suas letras... Não, temos que agir e logo.

— Calma, senhores, as mulheres estão chegando — avisou Félix.

— O que se passa aqui? — perguntou Virna — Estáveis brigando? — e vendo Pietro, a quem não conhecia: Ora, uma visita.

— É um amigo, querida. Foi ele quem me ajudou quando do acidente.

— Ah! lindo jovem, nossos agradecimentos — e estendeu as duas mãos para Pietro, que as segurou.

— Sois linda, senhora, sois como um raio de sol, digna de teu marido. — Beijou-a no rosto.

— Grata, rapaz. Como te chamais?

— Pietro.

— Aceitai nossa hospitalidade, Pietro.

Já que não podiam conversar acerca dos acontecimentos, ficaram a brincar, pois que as mulheres de nada sabiam do que na cabeça dos homens se passava. Beberam e comeram. Já tarde, foi providenciada acomodações para o jovem Pietro, e todos se recolheram.

Capítulo XIII

OS PREPARATIVOS

Amanhecia. O sol mal começava a aparecer, mostrando-se, medroso ainda por trás do Palatino, ofuscando, varrendo já em seus claros raios, os últimos sinais, em nuvens negras, do que havia acontecido antes, quando a tempestade imperava. No entanto, não importando-se com o frio reinante, Vânia vestia-se. Bela mulher, corpo escultural, embora já com mais de quatro dezenas de anos, mas como estes a tivessem esquecido, deixando-a parecer algumas décadas mais jovem. Mas que interessante, ela vestia-se com roupas masculinas! Um saiote de lã espessa junto às carnes, logo acima deste, um outro de fios de aço trançado, qual rede dos pescadores do baixo Tibre, mas usado fortemente por gladiadores, e que lhe vinham até pouco antes dos joelhos. Calçou sandálias das quais trançou habilmente as tiras de couro. Pisou forte, e andou até um escrínio, de onde tirou uma couraça peitoral, vestindo-a, bem apertada, com sacrifício para os seios bastos e arredondados. Gemeu, mas a apertou bem, suspirando fortemente. Do mesmo lugar retirou um saiote de placas metálicas, luzidias em sua cor dourada, que cingiu à cintura. Enrolou os cabelos e na cabeça, sobre eles enfiou um capacete emplumado. Enfiou nas tiras das sandálias um pequeno mas aguçado punhal, outro um tanto maior na correia que segurava o saiote, por trás, e uma curta mas aguçada espada à cintura, lado esquerdo. Apresentou-se ante a uma placa de metal polido, qual espelho, endireitou-se toda, e sorriu. A transformação estava completa. Vânia transformara-se em um centurião do Império. Pôs, por último, os punhos metálicos que vestiram seus pulsos, pegou uma capa vermelha que colocou aos ombros e sorriu, satisfeita. Foi até um quarto, onde um ancião com respiração opressa, dormitava. Parou olhando-o e murmurou baixinho: "Morre logo, meu pai... desta vez tua filha vai vencer... ou morrer..."

✣ ✣ ✣ ✣ ✣

— Quando meu pai vai chegar, Jós?

— Oh! meu bem, já te disse que teu pai teve que viajar. Não te preocupes, vem, toma esta sopa, está quentinha, foi minha Túlia quem fez. Precisas alimentar-te, querida.

— Não tenho fome, Jós... dói-me as pernas e o peito... não quero.

— Nada disto — rogou reclamando Josefo — tens sentido isto por não te alimentares de acordo. Toma, ó Jós, põe a colher em tua boquinha. Vamos, toma, senão esfria.

E a menina, se bem a contragosto aceitou as colheradas da sopa de legumes feita por Túlia, a mulher de Josefo.

— Dói-me tudo, Jós — reclamou ela já no fim da tigela — As costas, os pés, o peito... e esta tosse...

— Isto vai passar, Nádia. Necessitas agasalhar-te, vê o frio que as chuvas trouxeram?

— E os porcos de meu pai? Quem vai tomar conta deles?

— Ó, ó, senhorita... eu não te prometi ir cuidá-los? Não confias mais no velho Jós?

Ela sorriu, e teve um acesso de tosse. Túlia acorreu, ouvindo as lamentações do marido, que, não sabia como fazê-la parar de tossir. Pôs a mão na testa da criança, puxando a cabeça para trás, soprando nas narinas. Nádia parou de tossir, mas deixou na blusa e nos cantos da boca, sinais rubros, finos como fios...

Josefo olhou sério para a mulher. Suor frio cobria todo o corpinho infantil.

— Vem, amorzinho, é cedo ainda — disse a mulher — vem deitar-te mais um pouco. Ela obedeceu, sem oferecer resistência. Na volta, Túlia encarou o marido, que, sentado, mostrava-se preocupado.

— É sério, meu Josefo...

— Oh! Júpiter! Que mal fez esta criança para merecer o pai que tem? Pobre menina!

— E nada podemos fazer, meu marido... somos pobres, e esta doença é fatal... — e abraçou-se ao marido.

— É, nosso filhinho, o Séptimo, assim morreu. Levamos aos sacerdotes, gastamos o que tínhamos, sem resultado... e nada temos para os sacerdotes agora...

— O pai dela?

— É um animal...

— Mas não é do Egito?

— E que tem isto, mulher? — exasperou-se Josefo. — Que importa?

— Ouvi dizer que os do Egito tem certo poder de curar...

— Ora, Túlia... que sabe ele, mesmo tendo vindo de terra tão misteriosa e sábia? Não, este veio fugido de lá, nada sabe.

— E que faremos?

— Não sei... ainda não sei, mas, penso em algo que ainda não sei explicar...

✣ ✣ ✣ ✣ ✣

Calígula chegara ao auge da insensatez. Idiota, malvado, enviou soldados e inclusive Senadores, para ordenar à população a sua adoração, dizendo-se o único Deus a quem todos deviam sacrificar. Por medo, os judeus ali radicados, claro, para ou não serem mortos nem ver seus familiares crucificados ou tornados chamas na Via Ápia, foram constrangidos a adorá-lo. Caio Calígula era de alta estatura, o corpo mal feito, pescoço e pernas muito compridas, faces caveirosas, olhos encovados e quase careca. Para quem o olhasse atentamente, cairia em crime, e era morto. Ser repelente, e o sabia, vingando-se de sua fealdade para disseminar o medo, o terror.

— Helicon — bradou. — Helicon — berrou. Logo um homenzinho obeso, acorreu, todo mesuras.

— Sim, Divino, perdoa...

Olhos parados, o monstro Imperador, como que esquecido da fúria com que chamara seu “bobo” da corte, disse:

— Quero um convite especial, muito bem confeccionado em papiro egípcio e escrito a ouro.

— Um convite?

— Sim, sua bacia de excrementos.

— Sim, sim, dizei, oh! filho dos deuses.

— Caio Marco Silônius... O Imperador deseja tua presença, com a senhora sua esposa, em palácio, dentro de três dias, a contar do recebimento deste, para uma festa de congraçamento. Ouviste?

— Sim, Deus, sim. Quantos convites devo mandar fazer?

— Porco... um só, suino...

— Só um convidado, divino?

— Papiro egípcio, letras em ouro. Só para Caio Marco Silônius e senhora. Os outros, siga a praxe, apenas pergaminho comum.

— Mais alguma coisa?

— Vai-te. Quero o convite pronto e entregue no mais tardar amanhã.

— Assim será. Ave, Divino.

— Ave.

Capítulo XIV

A FUGA

— Por favor, senhor Cipião, vamos fazer sair todos... — rogava Fabricius, ajudando as pessoas a sair da caverna. Muitos vinham carregados em padiolas improvisadas. Houve uma procissão descendo as íngremes encostas.

— E para onde ides, Cipião? — inquiriu Caius.

— Não sei, não sei ainda. — Respondeu o homem barbado — sinto-me como um covarde, tendo que deixar toda esta gente, sem a poder defender... O que faço, pergunto-vos.

— Nada — disse Lívio — apenas esconde-te, e surgirás, depois, mais forte... não será covardia, e sim estratégia...

— Sei, meu rapaz, sei... vê, só a um pedido, todos deixam a caverna. Eles não têm culpa, eu apenas os disse, pedi para irem de volta a suas casas. E me obedeceram, mas vi em seus semblantes a dúvida, o medo... Não sou um covarde?

— Não, não és. Apenas defendes todos estes... — disse Fabricius.

— Sei para onde irás, por enquanto — falou o soldado.

— E para onde?

— Para casa do homem que me pediu viesse avisá-lo.

— Quem? — perguntou Caius.

— Josefo...

— Josefo? O mercador? — exclamou Fabricius.

— Sim, Josefo, o mercador — repetiu o soldado.

— O que trabalha com Dorthas?

— Por Júpiter, Dorthas, o cretino egípcio foi quem fez tudo isto. Josefo nada tem a ver com ele... — e para Cipião: — Por favor, é o único lugar seguro. Vamos?

— Vou. Mas, depois de ver sair toda esta gente.

— Eles saberão chegar às suas casas, senhor Cipião. E, não estás fugindo de nada. Apenas te ausentando por alguns dias.

— É verdade, meu trabalho ainda não acabou. Podemos ir.

✣ ✣ ✣ ✣ ✣

Uma biga, tirada por dois cavalos negros corria a passo moderado as ruas de Roma. Ao que parecia, um centurião a conduzia. Na rua Vesper, parou diante de grande portão de ferro. O porteiro da vetusta herdade, achegando-se, perguntou, solícito:

— O que desejais, centurião?

Sem se dignar deixar a biga, e sequer voltar o rosto, o condutor da mesma respondeu perguntando:

— O Tribuno Caio Marco, por favor.

— Sinto, senhor, o tribuno e toda a família foram à casa do irmão, adoentado.

— Caio Fulvius?

— Sim, sim.

— Grato — e deu um golpe de rédeas nos cavalos, que saíram em disparada.

— Eh! — comentou Dionísio com o amigo que com ele guardava a casa — Ainda vou chegar a centurião... e andar por aí com uma biga daquelas...

O outro sorriu, afagando um cão.

✣ ✣ ✣ ✣ ✣

— Josefo, batem à porta...

— Mas quem, uma hora destas? A menina só conseguiu dormir agora...

— Vai ver, homem...

Resmungando, Josefo foi à porta, correndo os ferrolhos, e a abriu em parte, medroso.

— Josefo, sou eu, Lívio... abre a porta, homem.

— Lívio, o soldado?

— Quem mais, Josefo? Abre...

A porta foi aberta.

Josefo levantou o braço pegando a candeia dependurada na parede lateral, e iluminou o recém-chegado.

— Lívio — murmurou — o que houve? Más notícias?

— Não, não, amigo. Podemos entrar?

— Podemos? Quem está contigo?

— É, é verdade, trouxe comigo um amigo.

— Mas a estas horas?

— Perdoa, mas seria ou ficar ou ser preso. Dentro de um quarto de hora o dia nasce.

— Entrai, entrai.

O soldado entrou, seguido por Cipião. Josefo, ao vê-lo, teve um sobressalto.

— Por Júpiter... o senhor...

— Acalma-te, amigo. Não te serei dispendioso, creia.

— Não, senhor, não é isto. Mas, que posso oferecer-te nesta humílima casa?

— Ele só quer ficar aqui por este resto de noite, ao meio-dia sairá. — E o soldado o pôs a par dos acontecimentos.

— Oh! Ficai o tempo que quiserdes, senhor. Somos pobres, mas podeis, sim, ficar... só o que posso oferecer é uma coberta e um catre...

— É o que me basta, irmão.

Nisto, uma tosse convulsa se fez ouvir, vindo de um cômodo afastado. Pela insistência da tosse, Cipião inquiriu:

— Algum doente?

— Ah! senhor é a menina Nádia... coitadinha.

— Que tem ela? — interessou-se o "pescador".

— Senhor — imiscuiu-se Lívio — ela é filha do sujeito que o delatou. Os soldados que o iam prender, serão guiados por ele...

— Ora! — respondeu meigamente Cipião — o que quereis dizer?

— Que o pai não vale um denário... um asse...

— E a criança disto tem culpa?

— Não sei, não sei... mas é filha daquele miserável...

— Olha que às vezes, pode não ser...

— Como não? Conheci a mãe dela, que o sujeito abandonou, sei lá se vive ainda...

— Pode ser, claro, filha da carne... pode não ser do Espírito...

— Senhor, que dizes? — perguntou atônito Josefo.

— Explico-vos depois. Por agora, vamos fazer esta tosse cessar e dar descanso à menina.

— Ah! E como fareis? Sois médico?

— Não, não sou.

— Então...

— Fé, irmão, muita fé. Agora sei porque me trouxeram aqui. Vamos vê-la?

— Senhor... a casa é pobre...

— Também o era a manjedoura onde nasceu o Filho de Deus. Vamos, leva-me até ela.

— Por aqui, por favor.

Foi conduzido ao acanhado quartinho onde dormia a criança.

— Ah! é uma mocinha — murmurou Cipião acercando-se. Nádia dormia, mas inquieta no sono, tendo tremores e tossindo. Cipião, à luz da candeia, notou, nos cantos de seus lábios, uma coloração avermelhada. Tocou com a ponta do dedo mínimo e examinou a secreção mais perto da luz. Depois, pôs a grande mão na cabecinha da menina adormecida, e disse, levantando a cabeça: "Pai, se for de Tua vontade, que ela durma em paz. Leva seu espírito, enquanto dorme, para que os esculápios a Teu serviço possam trabalhar no corpo enfermo". — Acariciou seus cabelos, e disse para Josefo: — Acalma-te. Sois uma alma boa. Ela vai dormir em paz.

— Obrigado, senhor. Mas, vem, vou chamar Túlia, minha mulher. Ela esquentará uma boa sopa para ti.

— Não, não, não há necessidade. Apenas quero recostar-me e dormir um pouco. Qualquer lugar me servirá, estejai certo. tenho aqui uma manta que me aquecerá, não tenha preocupações.

Escolhido o lugar, o "pescador" tirou do alforje que levava grossa manta, e agradecendo, deitou-se sem mais preâmbulos.

— Vai, Lívio, e obrigado por tudo.

— Nada fiz, Josefo.

— Fizeste muito, amigo. Ouve, Nádia não tosse mais.

O soldado o olhou e escutou.

— É verdade... não tosse, dorme em paz. Vou ver meus amigos.

✣ ✣ ✣ ✣ ✣

— Vamos, egípcio sujo. Qual destas cavernas? — perguntou, áspero, o decurião. Dorthas, que havia ficado sem nenhuma alimentação na prisão, choramingante, apontou a maior abertura na montanha.

— É aquela.

— Soldados — ordenou o oficial — A fio de espada a todos que encontrarem. Avante — e segurando o mercador pelos cabelos, o foi puxando em direção à boca da caverna. Os soldados, gladius empunhados, vasculhavam todo o interior.

— Não há ninguém, aqui, Decurião — informou um legionário.

— Não existe outra saída?

— Não, nenhuma.

— Sinais de que aqui tenha estado alguém?

— Restos de fogueira, mas velhas. Mendigos usam estas cavernas. Só isto.

O Decurião olhou para o amedrontado homem.

— Vê? Nos enganaste...

— Não, não enganei — suplicou ele caindo de joelhos — eles sempre se reúnem aqui...

— Não poderiam ter-se safado tão de repente.

— Procurem, procurem mais...

— Não temos tempo...

— Eles vão voltar...

— E o encontrarão, sujo maldito... morto. E tirando o gládio, decepou a cabeça do prisioneiro. Com um gesto chamou os soldados.

— Vamos, já perdemos muito tempo. — E sairam, deixando o corpo ensanguentado no solo da caverna. Dorthas achara o que procurara.

Capítulo XV

CALÍGULA

Vânia passou a toda brida pelo Mercado de Trajano, junto ao Forum, e enveredando por ruelas, até atingir a construção, já bem adiantada do Ácqua Cláudia, aqueduto que iria trazer água de uma cidadezinha perto de Roma, cerca de 70 km, chamada Subiaco, célebre por suas fontes de pura água. Ali, entre materiais de construção os mais variados, parou a biga. Segurando um pilum[20], desceu.

Não demorou muito e detrás de montes de tijolos e madeira, pedra etc., começaram a aparecer alguns vultos. Pernas entreabertas, com a couraça brilhando à luz parca das estrelas, e com a arma na mão, dava-se a impressão de estar diante da deusa Minerva.

— Trouxeste o resto do dinheiro? — perguntou um.

— O que tu achas? Já faltei com minha palavra? — Sobe na biga. Dentro da aljava de flechas encontrareis uma bolsa.

— Sestércios ou denários?

— As duas. Conta-as, é o que interessa.

Apareceram mais homens. Ela retirou da cintura um punhal e vociferou, sacudindo os braços armados.

— Não pensais sequer em me atacar. Tendes cuidado, sabem que estou aqui.

— Atacá-la? Por que, se sois a nossa fonte de renda? — disse o homem inclinado que, descendo da biga com a bolsa tilintando, mostrou-a aos companheiros, avisando: — Afastem-se do Centurião, corja. Temos muito aqui para dividirmos. — E para ela: — E o resto?

— Após o serviço, pretoriano.

— Que seja... e que mandais?

— As pessoas que quero ver mortas, não estão em Roma. Vou me informar quando voltarão, e o avisarei. Mas não mais virei aqui. Encontre-me amanhã nas corridas no Circo Maximus, à tarde.

(20) Lança.

— Lá estarei, estejai sossegada...

— Se não compareceres, nem asses[21] tereis...

— Estarei, sim. Faça a tua parte. Nós faremos a nossa. Podeis ir agora. E não me chames de Pretoriano. Sem responder, a mulher vestida como centurião subiu na biga e logo estava correndo pela calada da noite romana.

✣ ✣ ✣ ✣ ✣

Neste ínterim, os romanos fossem de qual classe fossem, começavam a se cansar dos desmandos que o "deus" Calígula lhes impunha.

Epilético desde os mais tenros anos, mesmo já na idade adulta tinha crises que não o deixavam sustar-se de pé. Suas orgias enchiam de horror aos cidadãos. Incestuoso, desterrara suas próprias irmãs, após as usar como concubinas. Escapou de vários atentados, mandando decapitar, enquanto comia e bebia, em pleno palácio, os culpados.

— Helicon — gritou, enchendo a boca com um cacho de uvas rosadas. Tornou a gritar até que o homem aparecesse, transido de medo.

— Sim, divino, aqui estou.

— Fizeste o que mandei?

— Divino, por favor, todos os vossos mandamentos foram cumpridos... mas, por ser tantos, poderia, senhor, declinar qual o que agora me perguntas?

Sem se mover, senão a boca cheia das frutinhas, e sem se dignar olhar para seu "bobo" da corte, respondeu:

— O convite, o convite...

— Ah! Sim, o de papiro egípcio com letras de ouro...

— Este.

— Está quase pronto, divino. Ainda hoje será entregue.

— Transfere todo o conteúdo escrito para o que vou agora ditar...

— Mas...

— Eu ordeno, apenas ouça e faze, imediatamente.

O servo ajoelhou-se medroso, diante do monstro.

— Ditai, cumprirei vossas ordens.

— Escolho o Tribuno Caio Marco Silônius como companhia absoluta para a inauguração da minha ponte em Puzoles.

— Absoluta, senhor? E aos que já foram convidados?

Calígula sorriu malevolamente.

— Ele será testemunha.

— E quanto à esposa do Tribuno? Sua família?

---

[21] Asse - moeda de pouco valor - 1 sestércio valia 2 asses e meio. N. A. E.

— A mulher foi uma escrava. Não me interessa. O pai e a mãe estão para morrer. Pouco importa. Quero ele. Manda escrever já.

— E a data, senhor?

— Dentro de três dias. Também o irmão...

— Será feito — murmurou Helicon, não vendo a hora de sair dali.

— Vai-te. E, manda vir à minha presença um astrólogo...

— Silas?

— E existe outro, idiota? Vai — gritou.

O homenzinho saiu quase correndo, mas satisfeito por deixar a presença do mal. Nem havia ainda deixado o salão do trono, quando adentrou um pretoriano, dirigindo-se rápido ao Imperador. Antes que a ele chegasse, Calígula gritou:

— A que vindes?

O oficial ajoelhou-se lépido, quase batendo o capacete no chão. Levantando em seguida a cabeça, disse:

— Está rogando uma audiência a filha do Senador Apolônio. Diz ter grandes notícias.

— Ah! Chegou em ótima hora. Vou ter meus divertimentos prediletos. — E levantando-se do trono: — Levai-a a meus aposentos, e que mais ninguém nos interrompa. Teu deus vai divertir-se — e saiu em direção ao átrio esquerdo, espécie de rotunda ao lado da sala do trono. Entre colunatas de mármore róseo, uma grande cama cercada de um lado com uma estante oval repleta de vidros com perfumes os mais diversos, cosméticos e vinho de várias procedências. As almofadas macias tinham desenhos de dunas. Ele ia deitar-se, quando Vânia deu entrada.

— Oh! A pombinha... entrai.

— Não devo demorar-me... é quase madrugada — respondeu ela altiva. Ainda vestia o uniforme de centurião, no entanto tirara o capacete emplumado, que segurava embaixo do braço.

— Ah! Um centurião mulher... Não sabia que minhas hostes aceitavam mulheres. Vou pensar nisto... aproxima-te.

Fingindo não ter receio, ela se acercou.

— Então? — perguntou.

Ele tomou-lhe a mão, sem resistência.

— Então? O que?

— Quanto aos Silônius...

Ele beijou seu pulso, respondendo, pondo um joelho na cama e a puxando.

— Espera — bradou ela — ainda não me respondeste.

— Oh! bela, depois falaremos. Agora vem, aquece em teu corpo o meu.

Vânia sentiu nojo daquele ser asqueroso, mas adentrara em seus aposentos. Sabia quantas mulheres, mocinhas ainda ali foram mortas pelo monstro. Pensou rápido.

— Perdoa, divino — disse ela soltando-se. Ele, sentado, a fitava. "Como seria fácil fazer rolar aquela cabeça", pensou, mas a desejava no momento. Ela continuou: — Perdoa, perdoa, eu hoje não seria uma boa companhia — e baixou a cabeça, fingida.

— E por que, não?

— Divino, coisas de mulheres... estou no ciclo das "rosas vermelhas". [22]

— Ah! Não deverias sequer ter entrado em meus aposentos — reclamou ele levantando-se, enojado.

— Perdão, é que meu ódio contra os Silônius é tão grande, maior ainda por vê-los maquinar contra vós, que me esqueci.

Calígula, semblante fechado, olhou aquela mulher linda e respondeu:

— Já tomei minhas providências. Dei ordens para que se prenda ou matem o tal pescador. E convidei Marco Silônius para a inauguração de minha ponte em Puzoles.

Surpresa, ela perguntou:

— Convidado?

Ele sorriu abrindo desmesuradamente os olhos.

— Vai ser uma festa, que ninguém jamais esquecerá... principalmente meus inimigos... — e deu uma gargalhada — e voltando a segurá-la, puxando-a: — Vem, vem, vamos esquecer estas "rosas vermelhas".

Vânia foi salva pela entrada de um homem já velho, em grande barba branca. Calígula a soltou.

— Silas...

— Vim a teu pedido.

A mulher aproveitou e saiu sem ser molestada. "Imundo"— pensou, passando a mão no pulso que o imperador segurava.

---

[22] Menstruação.

RENA

— Já acordado,
— Ah! irmão Jos
— Vou preparar-
— Não te incom
defumados, e, afianç
— Mas temos legu
to. Mas, avisada de que ... da.
Cipião sorriu, levant ... de Josefo, disse:

— Terei o máximo pra ... hecer tua mulher... da forma que ela for. No entanto, è das mulheres a vaidade. Não que seja errado, mas, elas sentem-se melhor tratando-se... É o contrário dos animais irracionais, onde os machos são mais lindos...

— Não entendi...

— Vê, amigo, o galo e a galinha... qual o mais bonito?

— Ora, o galo, com seu pescoço alto, o porte altaneiro, aquelas peles vermelhas embaixo do bico... sim, o galo é mais bonito...

— E já viste um pavão?

— Oh! sim, sim, aquele do leque colorido como cauda...

— Um peru?

— Mas claro...

— E "suas esposas", galinha, pavoa, perua?

— É... sorriu Josefo... são diferentes...

— Já viste um leão?

— Claro, no circus.

— E uma leoa?

— Sim, sim, entendo, o leão é mais belo, com aquela juba, enquanto a leoa apenas parece uma gata grande.

— Pois é, Josefo, a natureza deu aos irracionais, no caso dos

[illegible] nfeitam toda, artifi-
[illegible] entirem-se bem diante

[illegible] ndem disto...
[illegible] a não tem mais idade, nem roupas
[illegible] r estar, dentro de nossas condições,

[illegible] eio. Apenas quis falar-te de minhas observa-
[illegible] s vezes se perde um grande coração, por dar-se
[illegible] o traje ou condição social. — E batendo no ombro
[illegible] — E a pequena? Como está?
[illegible] ainda.. sem tossir.
[illegible], sim, deve tomar teu caldo de verduras.
[illegible] enhor Cipião... — e Josefo cruzou os dedos, baixando a cabeça
[illegible] atitude humilde — O que será dela? Tenho dó da coitadinha, o pai que tem, só a usa para cuidar dos porcos... Vê como está fraquinha... esta tosse...

— Não haverá mais tosse... e tu terás que cuidar dela, irmão.

— Eu? E o pai dela?

— Sinto, não creio que ele regresse. Alimenta os porcos, vende-os e também a casa dele.

— Mas como? Não sei o que quereis dizer.

— Simples... a menina é dona agora dos animais, outras criações e plantações. Conversa com ela.

— Mas quando Dorthas chegar? O que farei?

— Ele não vai retornar. Agora és o pai de Nádia. Vê, tua mulher chega.

Túlia chegava, um chale sobre os ombros e vestido negro até quase os pés. Os cabelos, recentemente escovados, tinham, entre grampos de espinhas de peixes, várias florzinhas silvestres. Josefo correu para ela, que reclamou:

— Jós... já manhã e não abres a janela?

Cipião sorriu, e ele mesmo tirou a tranca de madeira grossa que guarnecia a janela, abrindo-a, fazendo com que a claridade do dia inundasse a humilde casa. Josefo apresentou então a mulher:

— Senhor, esta é Túlia, minha mulher.

Cipião sorriu.

— Como vais, irmã?

Túlia quase ajoelhou-se diante do visitante. Ela recendia a variados aromas.

✣ ✣ ✣ ✣ ✣

— Bem, irmão, temos que retornar. Vais ficar bem?

— Marco, então achas que uma machucadura boba, desta, vai me prender aqui por tanto tempo?

— Olha quem fala... — vociferou Félix, olhando para Fulvius. — Berrou mais que um cabrito montês quando Virna pôs as bandagens. Virna sentou-se ao lado do marido, abraçando-o.

— Também — continuou Fulvius — a dor não era nem da ferida nem do unguento... Foi este monstro que me segurou — e indicou Félix — parecia estar segurando um leão... fico bom dos ferimentos, mas quando vou poder andar depois da "ajuda" que ele deu à Virna?

— Calminha, "Terror de Roma"— imiscuiu-se Lavínia — Sois todos, homens, uns medrosos para coisas pequenas. E sabe por que?

— Dize, cunhada — falou Fulvius.

— Porque tens um anjo como Virna para te cuidar. Ela fica com pena, a coitadinha, e aí consegues tudo...

— Bem, pessoal, arrumai tudo, pois que amanhã bem cedo regressaremos à cidade. — Como toda família unida, começaram a conversar, o senhor Zacarias foi trazido para a varanda, e as brincadeiras continuaram. Até que um serviçal, com um grande cão preso a uma corrente subiu os poucos degraus da escada e informou:

— Sr. Tribuno, um emissário do palácio Imperial pergunta quando o senhor regressará à cidade. Diz que o Imperador enviou um convite... Não quis entrar...

— Ora! — exclamou Marco — finalmente o tal convite deve ter chegado em nossa casa — e olhou para Lavínia, que, séria, o ouviu. Voltando-se para o serviçal, inquiriu:

— Quem traz o recado?

— Um emissário, senhor.

— Dize a ele que amanhã à tarde regressaremos, já que não quer entrar.

— Assim será, senhor.

— Meu irmão — disse Fulvius.

— Disseste que irias para Roma amanhã bem cedo... no entanto, agora dizes que irás à tarde, ao emissário... O que pensas?

Marco sorriu, batendo no ombro do irmão.

— O mesmo que pensaste irmão, disse. — Félix aproximou-se a chamado de Marco, através de um sinal.

— Vê, Fulvius, se procurado eu fosse em nossa casa, claro, teriam informado que eu estaria aqui.

— Sei — disse Fulvius, pensei nisto. Mas procurar saber a hora de tua volta...

— É isto.

— Por isto dissestе à tarde?

— É verdade — disse Félix — eu irei à frente pela manhã bem cedo. Se nos esperam à tarde, claro que não nos encontrarão...

— Temes uma cilada, irmão?

— Sem a menor dúvida. Calígula não mandaria avisar...

— É verdade — e Fulvius ficou em pé, saindo dos braços da esposa.

— Meu querido — bradou ela — teu joelho...

— Já está bem — e flexionou a perna — ficar sentado, deitado, só faz piorar. Já estou bem.

— Irmão, não vais fazer nenhuma bobagem...

— Qual, só quero andar um pouco para restaurar a mobilidade.

— Ouça — murmurou Marco — dai um jeito de afastar as mulheres. Temos que conversar. Pietro, chama as nossas esposas para um jogo, dentro de casa.

— Mas que jogo?

— O jogo dos reis[23], depois volta.

— Farei.

Com o jeito amigo, brincalhão, Pietro conseguiu levar as mulheres para dentro. O senhor Zacarias dormia na cadeira. Voltando, Pietro disse:

— Pronto, tudo bem.

— Ouçam — disse em voz baixa Marco — sei que é uma cilada. Não sei porque, mas, é óbvio, desconfiamos de uma só pessoa. Sairemos bem cedo, antes do sol nascer.

— Irei na frente — ofereceu-se o gigante.

— Eu o acompanharei — disse Pietro.

— A carruagem das mulheres irá bem atrás. Estarei entre elas e vós. — E para o irmão, pensativo: — Tens alguns homens que possam nos acompanhar?

— Irmão, aqui só temos trabalhadores, homens afeitos às coisas da terra, não sabem sequer segurar uma espada.

— Não faz mal, não nos esperarão pela manhã.

— Também acho.

— Como te sentes?

— Muito bem, irmão, e posso ir contigo.

(23) Jogo dos reis - gamão.

— O que? — bradou Marco curvando-se para examinar o joelho do irmão. — Nada disto. Ficareis aqui, não te preocupes. Nada nos acontecerá.

— Sei que não — respondeu Fulvius ainda pensativo.

— Manda levar o senhor Zacarias para seus aposentos. O pobre dorme. E nós, também, faremos o mesmo. Vens, irmão?

— Não, não, dormi muito hoje. Vou tomar mais um copázio de vinho. Ao entrares, pede a Virna que venha até mim.

— Que tens? — perguntou Félix — estás esquisito. Fulvius riu.

— Vai, gigante, está tudo bem.

Entraram. Fulvius ficou com Virna a seu lado por algum tempo.

— Já não dói o joelho, querido?

— Não, amorzinho, não. Estou bem.

— Vamos dormir?

— Vai tu. Logo irei. Quero pôr uns pensamentos em ordem, e não tenho sono. — Vai, logo estarei contigo. Um beijo, e ela rumou para seus aposentos. Fulvius aguardou por alguns minutos, e levantando-se saiu para o jardim. Os cães lhe fizeram festa. Chamou Tino, o vigia, e foram ver os cavalos.

— Minha triga, como está?

— Vais sair, senhor?

— Não, não hoje. E a triga?

— Há tempos não a usais, senhor.

— Pois pinta-a de vermelho, e as rodas de negro. Enchei as aljavas com flechas curtas, meu arco, e alguns piluns.

— Que vais fazer, senhor?

— Tende calma. Quero o Nicro de prontidão.

— Que tempo não sais com o Nicro. Ele sente a tua falta.

— Nicro é um cão inteligente. Solta-o hoje à noite. Tens o material para a pintura?

— Tenho. Pois faze como pedi. Não te preocupes, te darei boa recompensa, mas, que ninguém saiba. Escolhe três cavalos bons e fortes. Prepara tudo.

— Assim será feito, senhor.

— Pois bem, o "Senhor da Triga" renasceu. Levo o Nicro — e voltou para a casa.

Capítulo XVII
A ORGANIZAÇÃO DA DEFESA

Milhares de sestércios o imperador gastou para mandar fazer uma cavalariça toda em mármore para seu cavalo Incitatus. Dentro, uma manjedoura de marfim, cortinas purpúreas guarnecidas de pedras preciosas. Não contente, deu-lhe um palácio com escravos, para poder em seu nome, convidar quem quisesse, recebidos naturalmente com toda a pompa. Em uma de suas visitas ao local, acompanhado de seu séquito, um deles perguntou:

— Divino, com todo o respeito...

— Dize logo, Cheréa, já — interrompeu.

— Que adores este belo cavalo, compreendo. Mas, convidá-lo em detrimento aos que têm fome, destas regalias todas... Afinal é um cavalo...

Caio Calígula o encarou, olhos injetados de ódio e respondeu:

— Quisera eu que Roma tivesse uma só cabeça, Tribuno.

— E para o que?

— Eu, teu Imperador, o divino, a deceparia de um só golpe...

— Ficarias então, só? O que farias?

O imperador dando um sacolejo no corpo, respondeu:

— Menos mal... só tenho traidores a meu lado... mandaria vir mulheres de outros cantos, e faria uma nova Roma.

— Teríeis idade para tanto?

— Cassius Cheréa... estás sendo insolente... — gritou com uma mão quase a tocar a face do velho tribuno. — Se eu quiser, o mando matar agora... verme...

— Sei, podes, sim, no entanto, apenas estou contigo para ver tua obra e dar opinião... É, é verdadeiramente uma bela obra, digna de vós... — Ladino, Cheréa sabia que ir em desacordo com o louco Imperador poderia custar sua vida. Aceitou os argumentos, pensando não em si, mas no filho. Mas no mais recôndito de seu cérebro, jurou livrar Roma daquele monstro. Acompanhou "o Divino", sem nada falar, senão monossílabos, sorrindo para um e para outro. Quando tudo acabou, faminto e sedento, dirigiu-se à uma taverna, na qual havia uma terma. Conhecido, logo foi alvo de solicitações de sua presença em cada mesa. Escolheu a que mais lhe convinha, e atirando parte da capa às costas e tirando o capacete, sentou-se. Suava.

— Estás cansado, amigo — disse um, pondo vinho fresco em um copo metálico — bebe, isto o refrescará.

— Obrigado, Cornélio Sabino, meu amigo.

— O que houve? — perguntou outro.

— Estás como se tivesses atravessado a nado o Tibre... — ajuntou outro.

— Ah! — suspirou Cheréa... Eu não agüento mais.

— Põe as pernas nesta banca — ofereceu Sabino, levando à frente do Tribuno a banqueta. — Estás tenso.

— Verdade, estou. Necessito uma terma, beber e dormir até mais não poder. Aquele homem é um monstro...

— Caio, o Calígula?

— Quem mais?

— É um monstro... A plebe urra de fome, assoberbada por impostos injustos, e ele dá um palácio a seu cavalo... Por Júpiter, como podemos ficar incólumes a tamanha afronta? Isto não pode continuar... Já tivemos o Tibério, agora este, pior? Quem somos? Nada? Ninguém? Nós somos Roma... desde Capitolina[24] Roma não é mais a mesma?

— Estou contigo. — disse Sabino, no entanto, discordo. No tempo da loba, tinha ela várias tetas, mas só dois mamavam... Rômulo e Remo. Hoje, haja tetas para mamar... É, este homem tem que desaparecer, é um monstro.

— Calma, Cheréa, calma. Vamos, bebe teu vinho, vamos às termas, ali conversaremos melhor. Cassius Cheréa levantou-se, bebeu todo o vinho e acompanhou o amigo. Na grande piscina de águas quentes, continuaram a conversa:

— Tenho um filho, o Pietro...

— Conheço-o, já o vi lutar na academia, e o encontrei no tabulário, outra vez na biblioteca... teu filho se interessa por ciências...

— É verdade... além do corpo, está aprendendo muito, lendo, escrevendo. Fez-se amigo de Sêneca...

— Sêneca está caindo ante os olhos do Imperador, não é boa companhia para ele...

— Sêneca é um filósofo... e de certa maneira ainda é um jovem

---

[24] Capitolina - loba que amamentou Rômulo e Remo.

velho... mas não é isto o que me preocupa... Tenho receio de que o Imperador o possa prejudicar... Se tocar em meu Pietro, eu mesmo o matarei.

— Calma, amigo...

— Como ter calma? Vê o que faz comigo? Menospreza-me, faz-me pensar ser mais baixo que o Helicon...

— Este, é homem e mulher, para ele...

— Não devo entrar nestes detalhes, pouco me importa, mas este homem é um monstro, e como tal, deve ser eliminado.

— Concordo. Mas vês que outras conspirações já foram feitas... não somos nós os primeiros a querer erradicar este mal. Foram mortos entre as maiores torturas, enquanto o louco ria no banquete a quem tantos e tantas famílias convidou... Que loucura!

— Lembro-me, eu estava lá... "Por que ries, Divino?" — perguntou um senador. — "Rio-me porque estou a pensar que, a um mínimo sinal meu, posso mandar degolar a todos"...

— Pois é... como faremos?

— Ainda não sei. Estás do meu lado?

— Claro, morrerei contigo, podes ter a certeza.

— Confio em ti. Estas extravagâncias, estas loucuras já me causaram...

— E a toda Roma.

— Chamar-te-ei.

— Aguardo-vos.

✣ ✣ ✣ ✣ ✣

— Por que, irmão, isto sempre acontece? Será que os nossos irmãos não aprendem nunca? Vê Vânia, esta irmã nossa, não deveria agora estar calma, quieta, agradecendo as benesses que a família Silônius lhe deu? Por que vingar-se?

— Irmão, retornar aos princípios, para te responder, fica difícil... Mas, em se tratando de alertar a quem queira ser alertado, vos responderei: Vânia já, com sua possessividade, sua riqueza, viu-se desprezada pelo Marco. Seria ela a mulher ideal para ele? Não, não seria, pois que os dois, atuais Marco e Lavínia já se conheciam. Sabes, ela chamava-se Jéssica...

— Almas gêmeas.

— Não, irmão, afins. Já expliquei o que pensais sobre "almas gêmeas".

— E não é a mesma coisa?

— Para uns, sim, não discordo... mas para outros, não.

— Não entendi.

— Voltemos à Vânia, então entenderás — Vânia teve tudo para conquistar o coração de Marco. Mas não estava preparada para assumir ao que se propunha.

— Mas ela não esteve aqui? Não aprendeu?

— Não, não aprendeu. Ela esteve aqui, mas não assimilou todos os ensinamentos. Já o Marco e a atual Lavínia, sim... conheciam-se antes.

— Continuo sem entender...

— Vânia continuou a assediar o Marco... Chamada para novas sessões, raramente ia. O Instrutor, notando ter ela ainda muito para aprender, fê-la ver da necessidade de nova encarnação, já que a escola da vida é o planeta-escola-Terra. — Na mesma época os dois, Marco e Lavínia também iriam regressar ao corpo físico. Por ordem superior, os fizemos nascer um em berço de ouro em Roma, outro em Belém... Com a condição que se encontrassem e da vida fizessem o melhor... Eles fizeram. Ela, a Vânia, não, mesmo também nascida em berço áureo... encontraram-se, quase firmam compromisso. Mas, o livre-arbítrio do Marco o alertou. Não, não era aquela. E acabou comprando uma pseuda escrava... que, esta sim, era a que procurava... Poderia ter sido Vânia...

— Difícil, não, irmão? Vânia procurava outro, e assediou o Marco... Difícil...

— Não, não tão difícil. Como já disse, o amor e o ódio sempre andam juntos. Só que o primeiro sempre vence.

— Mas então, o que vai acontecer à Vânia?

— Simples, irmão: colherá os frutos que plantou. O Domicius, mordomo na casa dos Silônius, é sua alma afim. Ele sonha, mas ela continua na vingança... não tem olhos para ele... por enquanto.

— Deus do Céu!

— Deus nada tem a ver com isto. Seria justo, irmão, que Ele saísse por aí, mãos dadas a tantos para os guiar? Deu-lhes inteligência, a ciência de discernir entre o bem e o mal. Que mais?

— É, seja feita a Sua Vontade...

✣ ✣ ✣ ✣ ✣

Amanhecia. O deus Helios[25] já enviara seus "guerreiros" em forma de flechas prateadas assestar os resquícios da noite. Ao longe, ainda encobertas pela névoa que sumia, as sete colinas de Roma pareciam

(25) O Sol.

crescer na bruma. O monte Palatino, como que saído das nuvens, deixava ver seu píncaro verdejante.

— Tino, acorda... acorda, Tino.

— Hein? O que há? — respondeu uma voz sonolenta.

— Sou eu, Fulvius.

— Ah! Senhor Fulvius... perdoa, já vou.

— Apresta-te, o Nicro está comigo.

— Já vou, senhor.

Fulvius, pois era ele, aguardou o serviçal sair, brincando com o enorme Nicro, cão que, à sua ordem, estraçalharia quem quer que fosse.

— Desculpa, Tribuno — disse, ainda sonolento o rapaz — É que fiquei até tarde pintando tua biga...

— Sei, sei, Tino. Escolheste os cavalos?

— E como não? Estão alimentados, creio que até o raio de Júpiter não terá a mesma velocidade...

— Volto para casa. O sol nasce. Vais lá e bateis na porta. Eu acordarei todos. Temos um segredo, Tino.

— Ah! Tri...

Fulvius o interrompeu:

— Como me chamo?

— Fulvius.

— Então esquece o tribuno. Sou apenas Fulvius. Fica com Nicro. É por pouco tempo. Espera eu entrar, e bater forte na porta.

— Assim será.

E assim foi feito. Fulvius, deitado junto a Virna, ouviu as pancadas na porta. Fingiu dormir.

— Querido, querido — disse Virna sacudindo-o.

— O que?

— Estão batendo à porta...

— Deus — bradou ele, todo fingimento — O dia nasce. — e pulando da cama rápido, abriu a janela. À pálida ainda claridade do dia nascendo, ia sair, quando Virna perguntou, levantando-se:

— Querido... dormiste vestido?

Só então ele se deu conta que até couraça vestia, com gládio etc... — por momentos ficou sem saber o que responder. Mas logo, retrucou:

— Veja, eu pensei que também ia. Desculpa, vou abrir a porta. Acordas a todos, vão sair agora. Apresta-te... — e saiu.

Virna quedou-se por algum tempo, depois, vestiu uma capa e saiu do quarto. Já Marco e Félix estavam na sala com Fulvius.

— Bom dia — disse ela.

— Bom dia, querida cunhada — e Marco a abraçou, beijando-lhe a testa. — Dormiste bem, junto a meu doido irmão?

— Sim, meu querido, dormi como um anjo.

— Anjo és tu, minha querida — acrescentou Lavínia que aparecera segurando sacolas — dormiste com um...

— O que? — gritou Fulvius — um o que?

— Outro anjo — consertou Lavínia abraçando e beijando o cunhado.

— Eu ainda te compro... — disse ele sorrindo — Te cuida. Quero o Dimas forte e lindo como o tio.

— Vai ser, sim, "Terror de Roma".

— Félix! Não podes falar mais baixo?

— Aperta a mão... — e o gigante estendeu o braço, mão aberta.

— Quem? Eu? Só um louco apertaria tua mão.

— Vamos? — gritou Marco.

— Como? Esperem, vou preparar uns refrescos — disse Virna.

— Não, não dá, Virna — e Félix levantou-a acima de sua cabeça.

— Larga minha mulher, gigante... — bradou Fulvius.

— Estás crescida, Virna. Cuida bem deste teu marido — e voltou a pô-la no chão.

Já nas bigas, para sair, quando Lavínia perguntou:

— Esperai, falta um.

— Falta?

— Onde está Pietro?

— Deus! Como esquecemos dele? Tino, vai ao quarto de...

— Falais sobre o rapaz, o Pietro?

— Claro, chamai-o, como dorme.

— Não dorme, senhor.

— Não dorme? Então onde está?

— Vê que falta uma biga. Ele já foi...

— Como, já foi?

— Pediu-me segredo...

— Fala, Tino.

— Disse que faria uma exploração pela estrada. E os esperaria na Taverna Augusta, perto de Roma...

— Tino — vociferou Fulvius...

— Perdão, Fulvius... segredo por segredo...

— Não me chames de Fulvius. Sou um Tribuno... — e para os demais: — Vão, encontrareis este rapaz no lugar que indicou...

— Ave, irmão, mas não iremos agora. Estás tenso.

— Ave... como queiram. — Voltaram todos.

Entraram. Fulvius ficou pensativo. O grande cão, Nicro, achegou-se, lambendo sua mão. Sentou-se no gramado, afagando a cabeçorra do animal.

— Tribuno, perdoa... Falo-vos enquanto voltam a entrar...

— Tino, esquece, chama-me por meu nome. Só não aturo o que aquele rapaz só, foi fazer.

— É um bom menino. Conversou comigo, talvez até me houvesse enganado para sair tão cedo, não sei.

— É o que eu não entendo... Não te acordei?

— Sim, sim...

— Ele saiu antes? Não consigo entender.

— Fulvius, assim que todos se recolheram, não ficaste com tua mulher?

— Sim.

— Depois, ela se recolheu, e vieste a mim para me dar as ordens da pintura da triga. Depois, foste dormir...

— Sim, lembro...

— Foi aí que ele chegou. Eu já estava pintando as rodas, ele me ajudou a mudar alguns aros, conversou, e disse que eu não falasse nada mas que sairia naquele momento.

— Mas por que?

— Não sei, não sei, mas é óbvio que ele gosta muito do Senhor.

— Veja, e por que? Se mal o conheço?

— Desculpa, ele disse que "se aquela mulher" fizer qualquer coisa contra ti, ele a mataria. Pediu a biga, e saiu...

— Meu Jesus...

— Ah! Fulvius, como é bom ouvir este nome...

— Eu sei, eu sei... procurei-o tanto, em tantos lugares, quando Ele está aqui, aqui no meu coração... — e bateu no peito.

— É verdade... Fulvius, e agora? O que fareis?

— O que me propus. Eles esperam meu irmão à tarde. Eu e Nicro resolveremos tudo.

— E teu joelho?

— Quase não dói... e pouco importa. Como disse, "O Terror de Roma" renasceu.

— Tende cuidado... e agora? Eles vão demorar?

— A triga está pronta?

— Claro, Fulvius, mas seus familiares retornaram...

— Vou descansar. Deixa Nicro comigo. Meu arco? — Eu resolvo isto...

— Com três aljavas, cada uma com vinte flechas. Dois piluns, e tua espada.

— Nada digais. Vou descansar agora, afinal o sol só agora nasceu...

— Descansar? Olha quem vem...

Virna se aproximava, e as pombas, algumas pousando em seu ombro, outras comendo em suas mãos, parecia uma deusa.

— Mas eu tenho que descansar...

✣ ✣ ✣ ✣ ✣

— Então, Lívio? — inquiriu Fabricius, ante o olhar atento de Caius.

— Sei não, sei não... — e o soldado passou a mão na testa.

— Mas o que houve? Ficamos a esperar-te.

— Assim como o mudo, ele curou Nádia... E só fala em um tal Jesus...

— Quando ele vai sair?

— Não sei. Ele resolverá.

✣ ✣ ✣ ✣ ✣

Depois de uma frugal refeição, constituída de suco de frutas e pães, Marco despediu-se do irmão, desta vez em definitivo.

— Cuida-te, "Terror de Roma". Agora, vamos mesmo. Abraçaram-se.

— Cuidado com ele, Virna — acrescentou Lavínia — é o mais querido cunhado que tenho...

— Tens outro, Lavínia? — perguntou Fulvius ainda abraçado ao irmão.

Ela titubeou, mas respondeu, consertando:

— Cuidado com ele, é meu único cunhado. — Fulvius deixou os braços do irmão, e foi de encontro à cunhada. Abraçaram-se.

— Perdoa, Lavínia, todas aquelas coisas que eu disse... Tu curaste Virna, deu-me o maior tesouro que hoje tenho. Cuida do Marco, és a melhor mulher que este mundo concebeu. E, em nome Daquele que nós conhecemos desejo, cunhada, o melhor para vocês. Te amo, Lavínia, como amo minha Virna.

— Fulvius — exclamou Marco — choras?

— Ah! irmão — e jogou-se nos braços de Marco. — Lágrimas existem de várias espécies... Estas, que agora vês, vêm direto do coração fraterno, da mina das emoções mais raras que Deus nos deu. Oferto-as, com o sentimento puro, como pedras preciosas fossem, ao tempo em que agradeço ao Criador ter-te me dado por irmão. — Lavínia achegou-se aos dois, e foi abraçada a quatro braços — e ter-nos dados, a ti esta esposa, a mim, cunhada. Ela é uma deusa, Marco, e deu a luz à outra, a minha Virna.

— Vai, irmão, cuida-te... e cuida desta jóia rara. — beijou Lavínia. Esta, para o pôr à vontade, redargüiu:

— Jóia rara? Até há pouco eu era uma escrava...

— Ainda sois... escrava de Nosso Senhor Jesus Cristo — e levantando a mão espalmada — No bom sentido, escrava rainha dos corações que a conhecerem. Não terei nunca tanto dinheiro que a possa comprar...

— Quer que eu fique? — perguntou Félix.

— Não, gladiador, não. Quem tomaria conta deste casal? — E para Marco: — Irmão, o quarto que eu utilizava, quando em nossa casa, cede-o ao Félix. Não o quero fora dali. Míriam compreenderá. Manda alguém tomar conta de seu sítio.

— A nossa casa é deles, também, irmão. Que dizes, Félix?

— Agradeço-vos e aceito.

✣ ✣ ✣ ✣ ✣

Pietro saiu em disparada em sua biga. Afeiçoara-se tanto à família Silônius, que não queria que nada lhes acontecesse. Receoso de uma emboscada, partira na vanguarda, para prevenir qualquer ataque dos sicários de Vânia. No entanto, por mais que atentamente observasse, nada de suspeito viu. O sol já brilhava, alto, quando ele chegou à Taverna Augusta, já quase nas cercanias de Roma. Parou, e entrou na Taverna. Sentou-se em um local onde pudesse ver a estrada, e pediu suco com pães, e ficou à espera dos amigos, que só chegaram duas horas depois. O estalajadeiro, todo solícito, foi atender aos nobres que chegavam.

— Pietro — exclamou Marco — o que fizeste? Deixou-nos preocupados.

— Sossegai, Tribuno, estou bem. Apenas quis ter a certeza de não haver nenhum perigo...

— E só, meu amigo? — interferiu Félix.

— Não sou conhecido, senhor Félix. Se houvesse algo suspeito, retornaria para avisá-los.

— Foi uma temeridade, jovem — acrescentou Lavínia — Deixou-nos preocupados.

Foram servidos com sucos, pães e bolos. Depois, se prepararam para retomar a viagem.

— Que farás agora?

— Volto à casa de meu pai. Tenho antes que entregar tua biga.

— Leva-a consigo. Depois a devolverás.

Despediram-se. Ao chegar em casa, Marco encontrou o convite enviado por Calígula.

— Ainda bem — exclamou, olhando a esposa.

— O que leste, meu amor?

Ele a abraçou, beijou-a e respondeu:

— Não estás incluída no convite... graças a Deus!

— Amor, não entendi.

— Toma — disse ele estendendo a mensagem imperial, mas elucidando:

— O Imperador muda o convite anterior. Agora convida-me para a inauguração da ponte em Puzoles. Será depois de amanhã. Lavínia segurou o papiro enrolado, mas não o leu.

— Meu amor, o que farás?

— Irei. Ele dispensa-te como minha esposa e tantas outras. Ele é louco, não confio nele, e portanto, vou necessitar dos serviços do nosso novo amigo Pietro.

— Meu querido, tenho medo... O Fulvius está sem poder locomover-se... Mas temos meu pai, o Félix...

— Calma, amorzinho. — Manda, por favor, vir a mim o Dionísio...

— Que pensas fazer, meu querido?

— Estejai descansada. Apenas um recado para o rapaz Pietro. Tens medo do que?

Apertando-o no seio, e pondo uma de suas mãos no ventre intumescido, ela respondeu:

— Não somos mais dois, amor, somos três, agora.

Ele a beijou.

— Pois é pensando nos dois — afagou a barriga da esposa — que tomo esta decisão. Vai, adorada, chama o Dionísio... e, também o Félix. Por favor, querida.

— Deus o proteja em tuas decisões, meu irmão amigo e esposo.

— Podes crer, tudo sairá bem.

Lavínia, preocupada, retirou-se.

✣ ✣ ✣ ✣ ✣

— Tino, façamos, já, alguns bonecos de palha...

— O que, Fulvius?

— O que ouviste, Tino...
— Mas...
— Vê bem, quero três bigas equipadas com bonecos de palha. Basta os capacetes e armaduras... as tenho às dúzias...
— Para o que?
Fulvius deu um palavrão, completando:
— Irei atrás, entendes? Eles vão atacar bigas sem ninguém. Certamente deixarão evidências para os acusar, flechas cravadas nos bonecos...
Tino coçou a cabeça preocupado.
— Só espero que uma "dessas" evidências não estejam cravadas em ti.
— Garanto-te que não estarão. O cão está pronto? Prepara também uma carruagem...
— Nicro o defenderá, tenho a certeza.
— Está tudo pronto?
— Sim, está. Tua armadura vermelha e negra o espera. Tua triga também, com todas as armas. Queres me levar?
— Agradeço-vos — pondo a mão espalmada no ombro do jovem — Caso eu não retorne à noite, manda-me procurar na via. Seja como for, vai à casa de meu irmão e conta tudo. Posso contar, eu sei, contigo.
— Estejai certo disto, em nome de Jesus.
— Eu sei, amigo. Cuida de Virna.
— Quanto a isto, ides sossegado.
— Tira a corrente do Nicro. Está quase na hora. Dize a Virna que fui dar um passeio.
— Cumpro tuas ordens. Assim será.

Capítulo XVIII

CIPIÃO, O PESCADOR

— Regresso agora, Josefo, às catacumbas. — Dizia Cipião, segurando ao colo a mocinha Nádia. — Já não há o que fazer aqui. Através do nosso amigo e irmão Lívio, soubeste que a menina não tem mais o pai... É agora tua filha.

— Senhor Cipião — exclamou Túlia — ela não parece mais estar doente...

— E não está, senhora...

— Tu a curaste...

— Não, não fui eu — e depositando a criança no solo — Foi a bondade de ambos que a curaram. Jesus viu que a semente do amor ao próximo germinava no terreno de suas bondades. Tuas lágrimas o adubou, renascendo a flor já quase morta. Eu fui apenas um reles jardineiro...

— Irmão, é perigoso voltares àqueles lugares...

— A vida, Josefo, é um perigo que corremos no dia-a-dia. Se nada fizermos em pró de outras, o que valeria a nossa? Amem esta criança, amem-se a si próprios...

— Estamos velhos, Cipião.

Este os contemplou e disse, sorrindo, puxando o capuz para encobrir a cabeça:

— Não há idade para o amor. Amem-se... um dia, encontrar-se-ão novamente jovens para desfrutá-lo. Não tenham pressa. Acreditem um no outro, isto basta. O amor é eterno, creiam. Agora devo ir.

— Um beijo, tio — disse Nádia.

Curvando-se Cipião, olhos nos olhos da criança, disse-lhe:

— Deus a abençoe, pequena. Jamais deixes de olhar dentro dos olhos de alguém. Assim, saberás se estão mentindo, enganando. Temos nos olhos uma luzinha que acende ao encontro dos mesmos. Teu cérebro dirá. Se não sentires a luzinha, foge... toma conta de teus novos pais. — Beijou a criança e saiu.

✣ ✣ ✣ ✣ ✣

— Tudo pronto? — perguntou a linda mulher, fingindo estar atenta ao combate de gladiadores.

— Pois bem, hoje, à tarde, na terça hora, via Ápia.

— Como faremos?

— Eu, é quem sei? Pago-vos, e é só...

— O resto do dinheiro?

Ela riu, levando a mão à boca.

— Quando o serviço estiver pronto. Sabeis que não falto à minha palavra...

— Terça hora[26]... é dia ainda.

— Isto pouco me importa... Há lugares...

— Sei, sei, tenho que sair agora. Prepara o dinheiro.

— Já está... quero chorar sobre estes corpos... — e deu uma gargalhada.

— Prepara as lágrimas, também... — pensou ele.

✣ ✣ ✣ ✣ ✣

Chegando em casa, Pietro não encontrou o pai. "Como sempre" — pensou — "quando mais necessito dele, não o encontro." Foi ao quarto de banhos, depois enxugando-se, pensou: "Por que aquela mulher não mandou os sicários emboscar a família? Há algo errado... Depois, aprofundando mais o pensamento, recordou que quando ia sair Tino pintava um carro de guerra, e três cavalos ali estavam à espera. Para o que? Não foi difícil concatenar as idéias. "Fulvius — pensou — "Falou-nos que o "Terror de Roma iria renascer"... O emissário que lá chegou sabia que Marco e família regrassaria à tarde... Mas vieram pela manhã, e eu antes... Por Júpiter... — que asno eu sou! — o "Terror de Roma vai renascer... nada houve pela manhã... É agora, à tarde! Os vilões pensam que a família virá à tarde! A triga... Fulvius estará sozinho para enfrentar tantos bandidos... — correu do quarto de banhos, para o quarto de seu pai, tinham quase a mesma estatura, vestiu-se com uma couraça de bronze, cingiu uma espada, pôs um capacete, e saiu para a biga que deveria devolver. Arco e flechas não faltavam. Pensou em ir à casa de Marco, mas achou que não deveria assustá-lo. Na pressa, sequer sandálias calçou. Montou na biga, e demandou para a Via Ápia.

✣ ✣ ✣ ✣ ✣

---

(26) Terça hora - 15:00 horas.

Fulvius, totalmente paramentado, como se fosse tomar parte em um combate, chamou Nicro, que obediente subiu no carro da triga.

— Cuidado, Fulvius — disse Tino.

— Tenha calma, eu sou imortal.

— Sei... já vi muitos imortais em estátuas... não quero ver a tua, nunca...

— Não vos disse que sou o "Homem da Triga?"

— Sei, o "Terror de Roma"...

— Pois sou...

— Fôste há mais de quinze anos... Tens uma mulher agora, e um sogro doente. Fulvius, isto que pretendeis fazer é uma temeridade... Teu irmão já está em sua casa...

— Mas esta mulher é uma víbora... Tenho que defender Marco... esmagando-a...

— Por que não vais direto à casa dela?

— Justo por não ter provas, que agora quero ter. Só assim eu a anularei.

— Amas, é evidente, a teu irmão...

— Ah! É o mais puro amor fraterno, meu amigo. Prometi a ele que um só dos fios de seus cabelos, quem o arrancasse, teria que se ver comigo.

— Mas, vais só...

— Cuida de Virna. Só fui até ali... entendes?

— Jesus o proteja.

— Seja... eu não o pude proteger. — Soltou as rédeas e saiu. O Terror de Roma renascera. Nicro latiu alto, bem alto.

✣ ✣ ✣ ✣ ✣

— Senhor, não posso ficar contigo...

— Sei, soldado Lívio, tens outras ocupações. Mas mesmo assim vos agradeço.

— Ficai certo que tentarei, dentro de meus parcos conhecimentos, ajudá-lo, e quiçá protegê-lo...

— Eu entendo, soldado, e volto a agradecer-lhe.

— No entanto, senhor Cipião, estes dois — e apontou para Caius e Fabricius — o querem acompanhar.

— Como?

— É verdade, senhor, nós o acompanharemos. Cipião os olhou ternamente.

— Arriscam tuas vidas para acompanhar um desconhecido?

— Pouco importa nossas vidas, se tu próprio dizes, outras teremos? O teu Jesus, não sucumbiu para nos salvar? Queremos saber mais...

— Sois?

— Fabricius, senhor.

— Tu, és Caius...

— Sim.

— Os que me venderam peixes...

— Sim, fomos nós...

— Como viverão, então?

— Somos sós, não temos ninguém a preocupar-se conosco. Deixai-nos o ajudar.

— E, ainda temos algo do dinheiro que nos pagaste. Podemos comprar muita comida... — ajuntou Caius.

Cipião sorriu.

— Que assim seja. Em nome do Senhor, podeis acompanhar-me.

E os três se puseram a caminho.

✣ ✣ ✣ ✣ ✣

— Vêde bem, escória de maus elementos, vocês terão que atravessar aquela pequena ponte. Justo ali, quero o ataque. Rápido e certeiro. Atirai flechas incendiárias nos carros e atacai com vigor. Não quero um só vivo. Depois, fugi para a construção do aqueduto. Nos encontraremos lá. Vou-me, nada quero ver.

— Esta mulher tem mesmo tanto dinheiro? — perguntou um, vendo-a sair.

— Já viste a prova. Quereis continuar ou desistir?

— Ora, vamos, acabemos logo com isto. É muito fácil. Não terão tempo para reagir.

— Escondam-se e preparem-se.

✣ ✣ ✣ ✣ ✣

— Patrão...

— Não me denomines assim...

— Perdoa, Tribuno.

— O que há?

— O jovem Pietro não foi encontrado.

— Não está em casa?

— Fomos informados pelos que servem à residência que ele saiu com a biga...

— Ah! Naturalmente a veio devolver...

— Se foi assim, aqui não chegou.

Marco pensou um pouco, depois, dando de ombros, completou:

— É um jovem. Quem sabe não resolveu dar umas voltas pela cidade antes de vir entregá-la?

— Só que na Academia ele também não está, e saiu encouraçado...

— Encouraçado? Como?

— O mesmo serviçal afiançou ter ele saído como um bólido, armado como se para uma guerra fôsse...

— Estranho... — E o tribuno segurou o queixo, pensativo. — Para onde terá ido ele? Bem, esperemos, que fazer? Mando-o procurar depois.

✣ ✣ ✣ ✣ ✣

— Por favor, sabeis onde posso encontrar um pescador chamado Cipião, que veio de Jerusalém?

— Cipião? De Jerusalém? Ora, jovem, se procuras um pescador, vai às margens do Tibre.

— Ele é alto, forte. tem barba espessa...

— Vai, amigo, vai, deixa-nos trabalhar, não sei a quem procuras.

E o jovem imberbe, vestes andrajosas, passou de uma à outra banca de venda de peixes.

— "Como encontrar Cipião"? — pensou, fraquejando, pois estômago vazio, cansado, resolveu pedir água em outro local. Como bêbedo, andou alguns metros, saindo da periferia do mercado, e andou pelas ruelas, até que viu, em frente a uma casa, uma carroça, da qual um velho retirava alguns cestos de restos de verduras, ajudado por uma meninote. Aproximou-se, quase ofegante.

— Senhor — disse, no momento em que o homem tirava da carroça um grande feixe de vime repleto de, ao que parecia, verduras. O homem depositou o cesto ao chão e olhando o jovem, inquiriu:

— Que queres, rapaz?

— Por favor, podes me dar um pouco desta comida, e um copo d'água?

— Rapaz... — e vendo o jovem cambalear, quase caindo, com um pulo o segurou. — Nádia — gritou — traze água depressa! — E carinhosamente ajudou o estranho a entrar na casa. Pô-lo em uma rústica mesa, lívido. A menina aproximou-se com uma vasilha de barro com água. Tomando-a de suas mãos, o homem levou-a aos lábios secos do jovem, que, sentindo seu frescor, como que despertando, segurou-a com ambas as mãos, curvando a cabeça como se quisesse nela mergulhar.

— Calma, calma — disse o homem forçando a mão na testa do jovem — bebe devagar.

— Quem é ele, Jós? — perguntou a menina.

— Não sei, filhinha. Um jovem sedento.

— E com fome... ele pediu um pouco da comida dos porcos...

Josefo passou a mão pela cabecinha da garota. — É, ele está com fome, também.

— E que vamos dar a ele?

— Não trouxemos o nosso farnel?

O semblante da menina se iluminou.

— Foi, foi, vou buscá-lo.

— Vai, Nádia, vai. — O jovem bebera toda a água, que parece o reanimou. Levantou os olhos, encarando os daquele homem à sua frente. Soergueu-se nos cotovelos.

— Calma, amigo, não te esforces. Estás entre pessoas que não te farão mal.

— Senhor, venho de longe. Foi uma grande labuta chegar até aqui...

— E de onde vens?

— Jerusalém.

— Jerusalém? — admirou-se Josefo. — E como chegaste aqui?

— Pai, dá de comer ao amigo — disse Nádia chegando e sobraçando ao peito pequena cesta coberta com um pano branco.

— Ah! Sim, sim, vamos comer — respondeu Josefo ajudando o inusitado hóspede a sentar-se. Se soubessemos que iríamos encontrar um visitante, teríamos trazido mais. Dividamos irmanamente. A cestinha continha alguns pães, pedaços de peixe fritos, queijo de cabra e alguns bolinhos de carne. O rapaz comeu com sofreguidão. Josefo o olhava terno. Ofereceu sua parte. Ele no entanto, recusou. O alimento que seu estômago não sentia há algum tempo, e o recebendo, parece ter dado uma ordem ao cérebro: "Para, não é só para ti"... Nádia o observava, interessada.

— Que idade tens?

— Creio que quinze ou dezesseis.

— Vieste de Jerusalém?

— Sim, vim...

— Mas é uma grande distância... como chegaste aqui, e o que procuras?

O rapaz bebeu mais um gole d'água, depois outro, e só após respondeu:

— Foi uma tremenda viagem. Ao saber do que fizeram ao Tiago, não

tive escolha. Tive que me aventurar à procura de um homem. Tornei-me embarcadiço perto de Jerusalém, naveguei tanto! Estive em Tiro, Sidonia, Chipre, voltando sempre à Gaza. Depois, em um barco maior, fomos a Mira, Rodes, e pelo mar Egeu à Creta, assim atingimos o Mediterrâneo até Malta. Circundamos toda a costa até atingirmos Puteoli. Desembarquei, e em carroças cheguei até aqui.

— Pelos deuses! — exclamou Josefo. — E tudo isto para procurar um homem?

— Sim, senhor, é importante que ele saiba.

— E este homem está aqui?

— Sei que está. Procurei-o, mas ao que senti, ninguém o conhece... também era apenas um pescador...

— Pescador?

— Sim, sim.

Nádia sentou-se ao lado do jovem. Olhando-o, perguntou:

— Não sois daqui? Parece-me conhecê-lo...

— Não, menina, ele já nos disse. — interrompeu Josefo. — Como te chamas?

— Glauco...

— Glauco — repetiu Nádia olhando nos olhos do rapaz, fixamente. — Parece-me ter-te conhecido... que coisa!

— Menina — disse Glauco — tive a mesma impressão. Parece-me também já a haver visto. Olhando dentro de teus olhinhos, parece-me ver o que não posso descrever. Tens uma luzinha dentro deles...

Ela o interrompeu:

— Os teus também as têm.

Ele sorriu.

— Os olhos, são o espelho da alma. Em minha terra, nos olhamos olho a olho, procurando a luzinha, a verdade, a sinceridade...

Josefo pigarreou.

— E procuras um homem... um pescador.

— Sim.

— Que nome tem este homem?

— Cipião.

Josefo quase caiu.

— Cipião? — gritou.

— Sim, é este o nome — respondeu surpreso Glauco.

— Oh! meu filho, já não há o que procurar. Cipião é nosso amigo.

— Jesus! — exclamou o rapaz.

— Levo-te a ele. Mas, descansas em nossa casa.

— Não é esta, vossa casa?

— Não, Glauco — interferiu Nádia — esta casa foi de meu pai...

— Não és o pai dela?

— Não, mas agora vai. O verdadeiro, viajou.

— E querias, Glauco, comer a comida dos porcos que trouxemos — e gargalhou, alegre.

— Porcos! — Vamos, rapaz ajuda-me a tirar da carroça a comida deles.

Capítulo XIX
ESCLARECIMENTOS ESPIRITUAIS

— Irmão...
— Sim? Podes perguntar...
— Irmão, o que é, em verdade, um grande amor?
— Irmão...
— Espera — interrompeu o outro — deixai-me concluir a pergunta.
— Sei, sentemo-nos.
Em vasto jardim gramado, no qual corças brincavam em meio a tigres e variados animais terrestres e com os alados como pombas e outras pequenas aves canoras, onde também, como querubins crianças se deleitavam rolando em brincadeiras mil, e casais de mãos dadas passeavam, outros a conversar sentados em artísticos bancos com formato de cisne, e no enorme lago existente, nadando, espadanando água um sobre os outros, ou atirando coisas para os cães apanham, estas duas criaturas, a tudo observavam, sorrindo. O que no início foi inquirido, disse, cruzando as pernas:
— O verdadeiro amor, irmão, é isto — e com um gesto dos dois braços, como que açambarcando todo aquele espaço — É isto, todos se amam... desde os tigres, os leões, à mais ínfima criatura (digo no tamanho — corrigiu), sem medos, sem decepções, sem rancores, sem cobranças, sem mentiras. Este é o verdadeiro amor. E o amor que o Pai Amantíssimo nos deu.
— Sei, sei, irmão. Mas pergunto sobre o verdadeiro amor, ouça — e fez um sinal com o polegar da mão direita virado para baixo — há, irmão, lá embaixo...
O outro sorriu:
— Não existe alto ou baixo...
— Sei, irmão — retrucou o outro — é apenas uma comparação. Não é assim que eles dizem? “Lá no alto, embaixo etc?...”
— Sei, é verdade.[27]

— Então, o que é o verdadeiro amor "lá embaixo?"

— Seria o mesmo como aqui vês. E que terão um dia, segundo suas próprias obras.

— Seria, então um prêmio?

— Seria receber o prêmio que já é deles, mais cedo ou mais tarde... no entanto, alguns, de tanto serem repetentes, enveredam por regiões umbralinas, e perdem tanto tempo, tanto tempo que, ao retornarem à razão, já os seus "colegas" subiram tanto que dificilmente os encontrará... Daí a afinidade, mas com dificuldade, quando se encontram. Um está no auge, o outro vem a ser um humílimo servo. Conhecem-se, pois Deus deixou para cada qual, em seu lado direito do cérebro, pouco usado até então, a luzinha da compreensão, do carinho, mas também, não a indiferença, mas como dó, dó daquele ou daquela não estar nivelado. Daí pobres tecelões apaixonarem-se pela filha do patrão, um cavaleiro pela rainha, ou vice-versa.

— Sim, mas, o verdadeiro amor?

— É tudo quanto to disse, e mais ainda:

✣ ✣ ✣ ✣ ✣

Falei-te da "luzinha" que o Criador de todas as coisas, o Supremo Arquiteto de todo o Universo deixou com todos.

— E como fica?

— Simplesmente se conhecem, mas não sabem de onde...

— Isto deve doer...

— E como dói... mulheres não querem mais o marido, marido não quer mais a mulher, apenas por ter encontrado nos olhos de alguém, aquela luzinha que o Pai de todos deixou...

— Isto não seria uma maldade?

— Maldade? Do Pai de Todos?

— Perdão, digo maldade, não Dele...

— Eu entendi, irmão, é assim que eles pensam: "Meu Deus, por que tanta maldade?" Quando não é, a maldade está neles mesmos. O livre-arbítrio está com cada qual.

— Então, um homem ou mulher só deveriam consorciar-se quando vissem a tal "luzinha"?

Sorriu o outro, e com ar bonachão, enquanto uma pomba rola pousava arrulhando em seu ombro — Sim e não.

---

(27) Voltamos a comunicar que os dois discutem apenas para elucidar. Não se trata de um aprendiz para um Mestre. São criaturas de alta sabedoria didática. - N.A.E.

— Não entendi.
— Veja, eles têm que se procurar, mas não podem nem devem ficar na espera, senão o "Crescei e multiplicai-vos" não teria efeito.
— Continuo sem entender...
— Certamente existem os que logo se conhecem, como também existem os que saem do corpo físico incólumes, sem conhecer o dono da "luzinha". Acontece, claro. Mas, esta luzinha, volto a dar ênfase, existem em todos. No entanto, com a euforia do momento, esquecem-se dela, para só lembrar-se com a convivência. Ou ficam esperando encontrá-la após o término da vida no corpo de carne (estas ou estes são chamados "santos") — ficam seguindo o que lhes foi dito:"Que só a morte os separe"... são dignos, além da luzinha que não viram, aceitaram sua condição de pai ou mãe, em pró da família. Mas, há os que logo não aceitam, daí as separações, os ódios, às vezes até assassinatos.
— Assassinatos?
— Mas claro, digamos, exemplificando, "ele" a ama. "Ela" descobre em outro a tal luzinha. A afinidade é tremenda, ela é fraca, ainda não se equiparou com o dono da "luzinha" que também, digamos não atingiu o grau superior, se não, não a aceitaria.
Por sua vez, o marido não quer se ver traído. Descobre, e aí as tragédias...
— Neste caso — perdoe-me — só se devem consorciar-se quem ver nos olhos um do outro a "luzinha?" — E passando ambas as mãos na cabeça — Aí o mundo acaba... ou vai ser um luzeiro que a tudo iluminará...
Sorrindo, o outro exclamou:
— É, deveria ser assim. A Terra toda iluminada, com as luzes do amor mais profundo. Seria o que em outros planetas já existem. Mas, falo-vos em hipóteses. Ouça, para terminar esta polêmica: Todos têm uma alma afim...
— Gêmea?
— Não, já vos disse, Deus não criou o homem para esta mulher ou vice-versa. Criou o homem e a mulher. Esqueça-se da teoria do Adão e Eva, isto não existiu. Quando o homem e a mulher vieram para este planeta, oriundos foram de outros mundos. Nasceram em várias fontes ao mesmo tempo. Os arquitetos divinos, através de seus colegas bio-físicos, químicos, os primeiros dando condições à vida, exterminando do planeta os animais que trazidos foram para adubar, e fertilizá-la para entregá-la aos primeiros seres sem aqueles

monstros, os demais fizeram suas experiências para saber que tipo de vida deveria ser implantada. Daí as raças, desde os pré-históricos. No entanto, já haviam decidido que os expulsos de Capela deveriam ajudar às raças chamadas Adâmicas, pois que com a inteligência oriunda de suas vidas em outro planeta, seriam fonte permanente da evolução física e espiritual dos nascidos aqui em futuras gerações.

— Mas os de Capela aqui chegaram já com os corpos atuais, que conhecemos?

— Não, não... Adaptaram-se, já que a inteligência estava em seus cérebros. Tinham que adaptarem-se às condições de um novo planeta.

— Daí...

— Daí toda a condição e idade antropológica do homem veio surgindo. Do simiesco aos nossos dias. Os laboratoristas, os engenheiros, os jardineiros cósmicos foram trabalhando para apurar a raça terrena.

— E o amor já existia...

— Mas claro, irmão. O amor vem de Deus. Ele fez este planeta lindo com amor. E o amor incutiu em seus habitantes. Deu Seu Filho Jesus como prova disto.

— E mataram Jesus...

— Sim, mas com sua "morte" o que aconteceu? Tudo mudou para melhor, no sentido da compreensão do que verdadeiramente é o amor.

— E estes "monstros" que ainda existem no corpo de homens?

— Ah! Não é culpa Dele... Estamos ainda em experiência. Os efetivamente maus, como aconteceu em Capela, serão gradativamente expurgados para outros planetas em formação, o que atesta a Sua Bondade Divina. Terão sempre a oportunidade de vencer... Na Casa do Pai há tantas moradas, e no seu afã, Ele um dia passeará entre todos a quem deu sua perfeição. Todo o Universo será uma família feliz. Esta é Sua meta.

— E todos tem a mesma semelhança?

— Não, pois depende do planeta, mas a mente será uma só, e todos dirão a mesma coisa: "fui criado por Deus!"

— Bem, e quanto ao amor verdadeiro?

— Irmão... breve, vá lá, vos direi: As pessoas, quando efetivamente se amam, e eu disse efetivamente, encontram-se sempre após (não é regra geral), a segunda idade ou terceira.

— Velhos?

— Velhos? Por que velhos? O corpo envelhece, o espírito não. Mas, que seja. Isto porque mais cedo se encontrarão, não terão tanto tempo de espera.

— No caso, irmão, queres dizer, "morrem" para se encontrar em espírito. E depois, não terão que reencarnar? Nem sempre juntos. Às vezes um aqui outro lá...

— Mas se for esta a última encarnação? Não estarão juntos em outro orbe?

— Mas como não sabem disto?

— Não saberão, até que se encontrem em definitivo.

— É, tem fundamento...

— O Amor é eterno, irmão. E este verdadeiro amor, este que se procura a dois, por mais mentiras, dúvidas que se tenha, só faz adiar o encontro.

— Mas como não saber...

— Que ela é ela? Ele é ele? — interrompeu — fácil, não te falei da "luzinha"? Eles se reconhecerão ao olhar fundo nos olhos do outro...

— Puxa, irmão, é difícil...

— É? Difícil será fazer um camelo passar por uma agulha... Às vezes basta um apertar de mãos...

— Falamos demais, não?

— Não, não, apenas um pouco. Deixemos que pensem.

— Há, se só pudessem consorciar-se todos que veêm a luzinha nos olhos dos outros...

— A "luzinha" está lá... um dia ambos verão... no entanto, não se deve, necessariamente, procurá-la para se unir. Unam-se, sejam felizes, mas no mais âmago do ser, continuai a procurar, mas respeitando quem não a tem, porque ela, ou ele também procura.

— Em resumo: Amai-vos uns aos outros...

— É isto, irmão. Ninguém engana ninguém. Engana-se a si próprio...

Capítulo XX

O ATAQUE FRUSTRADO

O vento forte, arrancava folhas secas das árvores e as atirava pela estrada, juntando-se à poeira; as nuvens, lá do lado do Palatino, prenunciava novas chuvas. Duas bigas, tiradas por corcéis negros, seguiam, à passo moderado, seguidas de perto por uma pequena carruagem, toda fechada, naturalmente para resguardar os passageiros do pó avermelhado da estrada. À uma certa distância, uma triga de guerra seguia aquela estranha caravana. Para um observador mais acurado, não passaria desapercebido os condutores das bigas à frente. É que o condutor e o companheiro, este seguro ao corrimão, não tinham os movimentos normais de quem as dirigia. Pareciam estar pregados ao piso, suas mãos nas rédeas não tinham os movimentos que têm os que a conduz. Bem, tratava-se do engodo do Fulvius, que, à uma distância cautelosa, seguia os bonecos. Seu cão, deitado entre suas pernas entreabertas para o equilíbrio perfeito, vez por outra o olhava. Fulvius, com o pequeno mas potente arco preso ao ombro, tinha a seu lado as aljavas com flechas, e enfiados na abertura própria, alguns piluns[28]. Ele dirigia a triga com o cenho cerrado, pensativo e preocupado. O vento aumentava. Segurando as rédeas triplas com a mão esquerda, punha a direita em pala na testa, para proteger os olhos. O penacho vermelho do capacete era fustigado pelo vento, enquanto folhas secas o fustigavam. Em dado momento, conhecedor que era daquela via, diminuiu ainda mais a marcha, atento a tudo. "Logo adiante" — pensou —"há o pontilhão de Adriano. Ótimo local para uma emboscada". Manobrou, saindo da estrada principal, entrando pela vegetação rasteira do lado direito, desvencilhando-se de algumas árvores, até onde pôde ir. Como dali para a frente era uma floresta densa margeando a via, parou a triga, enfiou as aljavas das flechas por entre os braços, segurou com mãos fortes os três piluns, e ordenou:

[28] Piluns - lanças curtas aguçadíssimas.

— Vamos Nicro, sem barulho.

O cão saltou da triga, balançando a cauda.

— Vamos — e seguiu o mais depressa que pode, por entre a mataria, observando as duas bigas e as carruagens que seguiam pela estrada poeirenta. Abaixava-se às vezes para passar entre galhos baixos, outras desvencilhava-se de ramarias, pulando pequenas poças d'água, até que vislumbrou a ponte.

— Aqui, Nicro — disse, parando e agachando-se. Estava à pequena distância da estrada, mas completamente invisível para quem por ela passasse. Rápido, curvado, tirou o potente arco dos ombros, uma flecha de uma das aljavas, assestou-a ao arco e continuou, sempre olhando as bigas e a carruagem. Vislumbrou a ponte.

"Se não for aqui" — pensou — retorno. Mas era. Repentinamente, um grande alarido. Gritos raivosos e flechas com chumaços incendiados cortaram o espaço, indo cravar-se na carruagem, assustando os cavalos.

"Animais" - tornou a pensar, tomando posição em grande tronco caído. Sua primeira flecha atingiu o peito de um dos homens que, com os outros, avançavam céleres para os veículos. Outro caiu com o pescoço atravessado. Ao cercarem as bigas e a carruagem em fogo, foi que notaram a ausência das pessoas que queriam e foram pagos para matar.

— Não há ninguém — berrou um — só bonecos de palha!

Mais um grito, e outro caiu gemendo com uma flecha encravada na perna.

— Estão nos atacando — gritou o chefe, espada na mão.

Os cavalos amedrontados pelo fogo, disparavam em todas as direções. Outro grito de dor, outro homem caído.

— Recuem, homens — berrou o chefe — tomem posição do outro lado da ponte.

Tentaram fazer o que o chefe mandara, mas foram recebidos com mais flechas. Dois caíram gemendo.

Parece que estão vos cercando — comentou ele. — As flechas vêm do mato e da estrada.

— Não temos onde nos esconder — rugiu um — e não vemos nada...

— Aos cavalos, vamos sair daqui — e o medo se apossou dos meliantes. Mais ainda, quando, tentando subir em suas bigas ou montar em seus cavalos, viram um enorme animal saltar e derrubar um que já estava montado. Um rosnar tenebroso mais ainda assustou a chusma. Outras flechas, vindas da vegetação, outras da estrada em frente derrubaram mais homens.

— Vamos embora daqui — gritaram e saíram em disparada, perseguidos pelo enorme cão que ladrava. A correria foi generalizada. O vento atiçou a poeira por eles provocadas, e logo os tornaram invisíveis. Um forte assobio, e o cão retornou, boca aberta, arfando de cansaço. Fulvius, com o gládio na mão, atento, subiu a rampa de vegetação, aparecendo na estrada. Foi examinando os homens caídos, e notou que algumas flechas cravadas em alguns corpos, não eram suas. Arrancou uma de um corpo para melhor examinar. Efetivamente, não pertencia a ele. Ainda surpreso, ouviu um barulho do outro lado da ponte. Escondeu-se, arco já retesado. Viu, entre a poeira e folhas que o vento levantava, uma biga aproximar-se lentamente. Esperou. Deixou o veículo chegar bem perto, enquanto Nicro rosnava.

— Fulvius — ouviu.

"Quem será?" — pensou, segurando o cão.

— Fulvius, sou eu, Pietro — repetiu a voz.

— Pietro? — exclamou ele, saindo do abrigo.

— Segura esta fera, amigo.

— Ora, vejam! — gritou — o que fazes aqui, filho de Cassius Cheréa? respondeu Fulvius segurando o cão, enquanto dizia para o mesmo: — É amigo, Nicro — e se aproximou do rapaz, que tirava o capacete. — Então, continuou — estas flechas são suas...

— Não, não minhas, mas de teu irmão Marco...

Fulvius o abraçou, sincero.

— Mas como vieste parar aqui? Saiste cedo, antes de todos...

Pietro sentou-se em uma grande pedra à margem da estrada, cruzando as pernas, começou a massagear os pés. Fulvius riu.

— Descalço?

— Pois é, nem tive tempo de pôr botas ou sandálias... — e contou tudo a Fulvius.

— Ah! agora entendo porque bateram em retirada... pensaram estar entre dois fogos...

— Deve ter sido isto.

— Bom rapaz — e o tribuno deu uma pancadinha no ombro do jovem — saíram em desabalada correria — e ambos riram. Ouviram um gemido abafado.

— Ouça... tem alguém vivo. — comentou Pietro.

— Ótimo...

— Ótimo?
— Claro, servirá de testemunha, e nos contará tudo. Procuremo-lo.
— Cuidado, Fulvius.
Sem responder, o oficial ordenou ao cão:
— Procura, Nicro.
O obediente canzarrão afastou-se, farejando o solo, sendo seguido pelos dois, alertas a tudo. Não demorou muito, e o cão parou diante de um ferido que mexia-se de dor, com uma flecha cravada na coxa. O vento estava quase insuportável, fazendo voar tudo por ali. Fulvius encostou a ponta do gladius no pescoço do ferido, dizendo:
— Quereis morrer rápido, ou esperar todo teu sangue deixar teu corpo vil?
Segurando a perna, junto à flecha nela encravada, o homem, olhos esgazeados de pavor e dor, murmurou:
— Não me mates, não me mates. — e gemeu. Forçando a ponta da espada na garganta do homem, Fulvius continuou:
— Quem ordenou esta emboscada? Ou dizes, ou morres agora.
— Senhor — gritou o ferido — não tenho nada a ver com isto.
— Não tens? E que fazes aqui? Passeavas?
— Eu não sei de nada, apenas aceitei um trabalho...
— Ah! e este trabalho consistia em acabar com minha família... — e pressionou mais ainda a espada no pescoço do homem.
— Não me mates — urrou ele.
— Vais falar, ou não? — perguntou Pietro — não temos todo o tempo que pensas.
— Fomos contratados... assentiu o ferido entre lágrimas.
— Quem os contratou? Vamos desembucha — e nova pressão da espada fez com que o meliante abrisse a boca, e dissesse tudo.
— Uma mulher... vestida de centurião... Ela prometeu uma fortuna para que acabassemos com vós...
— Quem é esta mulher?
— Não sei o nome dela, afianço-vos, senhor.
É morena, muito bonita. Ela só fala com o chefe.
— Quem é o chefe?
— Não sei o nome dele... é um pretoriano, isto eu sei.
— Pretoriano? — rugiu Fulvius.
— Ele está dizendo a verdade, Fulvius — ajuntou Pietro — as bigas pertencem ao Pretório.
Fulvius afastou a espada do pescoço do homem.

— Vamos levá-lo... — voltou a dizer Pietro.

— Para onde?

— Ora, para o Pretório... só ele pode reconhecer o chefe... e meu pai é Tribuno lá...

— Pietro, lá, ele não viveria um dia. Vou levá-lo, sim, mas para a casa de Marco. Lá ele terá o tratamento e será vigiado dia e noite. Segura-o bem, agora.

— Que vais fazer?

— Ora, tirar a flecha...

— Fulvius, só um esculápio[28] pode fazer isto...

— Calma, segura-o bem.

Seguro, o homem com os olhos desmesuradamente abertos, todo suor, gemia medroso. Fulvius segurou com mão firme a haste da flecha, e com um forte impulso, onde levou o peso do próprio corpo, fez com que a flecha atravessasse as carnes da coxa do homem, que soltou um urro tremendo de dor.

— Fulvius...

— Calma, Pietro. Já fiz isto em batalhas. Não poderíamos tirar a flecha, simplesmente puxando-a. A ponta farpada dilaceraria as carnes. Agora, quebro a ponta — e a quebrou — e então, sim, a puxamos.

— Há muito sangue...

— Sei, mas pela cor, não atingiu a veia mestra[29].

— Ele desmaiou...

— Melhor — respondeu Fulvius rasgando as roupas do assaltante, com as quais fez um torniquete e bandagens.

— E tua triga?

Fulvius levou dois dedos a boca e deu um forte assovio, seguido de mais dois. Logo um tropel, e a triga apareceu.

— O cavalo guia me entende...

Carregaram o homem, depositando-o na triga.

— Tu vens atrás, Fulvius, preparado. Se este sujeito tentar algo, matai-o. — E para o ferido: — Estais ouvindo?

— Sim, senhor... que posso fazer? Estou morrendo...

— Qual morrendo... — e para o cão: Nicro, vais com Pietro. Ali — e apontou a biga.

Partiram. A ventania estava no auge. Já trovões se faziam ouvir e raios coruscavam. A tarde se fizera noite.

---

[28] Médico.

[29] Veia femural.

CAPÍTULO XXI

PREPARATIVOS PARA A FUGA

— Nossa vida será dura, meus irmãos. Seremos perseguidos, pois ainda existe muita incompreensão entre os homens.

— Não importa, Cipião, nada temos a perder.

— E queremos saber mais sobre este teu Jesus.

— Irmãos Caius e Fabricius... sinto em ambos a honestidade, a vontade de conhecer a verdade. No entanto, o que espero, ao chegar, os elucidará mais ainda. Por enquanto, tentarei contar-te tudo quanto aconteceu em Jerusalém.

— E para onde iremos?

— Ora, Fabricius, para as catacumbas. Tendes medo?

— Não, não, os que lá foram enterrados, não nos farão mal.

— E tu, Caius?

— Fabricius respondeu por mim, senhor.

— Então, andemos.

— Cipião...

— Sim, Fabricius, dize.

— Nós não temos nada... nada, digo, para nos alimentar. Eu e o Caio temos, como já o dissemos, os dinheiros com que tu compraste nossos peixes...

— Sim, sim — disse em voz pausada Cipião parando. — E o que queres façamos?

— Paremos em um mercado... aquela carroça na qual puseste nossos peixes... ainda é tua?

Cipião sorriu.

— Não, aquela carroça, naquele dia chuvoso foi deixada lá. Utilizei-me dela, apenas a pedindo emprestada... chovia tanto, os donos não deram por sua falta. Mas, já a devolvi... ao mesmo lugar.

Entre risos, Caius falou:

— Então, como levamos víveres para as catacumbas? Tomamos emprestado outra carroça?

— Em nossas sacolas levaremos o essencial para nós. Depois de instalados, iremos pescar.

— Pescar? — exclamou Fabricius — pescar onde? Estamos longe do Tibre, nestas montanhas, nem nascente d'água teremos... como pescar?

— Parem um pouco — recomendou Cipião — Vê bem, irmãos, não quis dizer pescar... peixes. Mas irmãos nossos, que com certeza encherão a rede do Nosso Senhor Jesus Cristo. Pescar também é pedir ajuda, como verduras, roupas, poções, enfim, tudo quanto pudermos conseguir. Isto é pescar, e distribuir.

— Temos as moedas, Cipião, com as quais tu nos pagaste... As minhas, com as do Fabricius, podemos comprar azeite, algum peixe e verdura para nós...

— Pelo menos por hoje — assentou Fabricius.

— É verdade... Compremos então o necessário para nós. Temos que descansar, e muito a conversar.

Atingiram um platô pedregoso, enladeirado. Abaixo, nos muros naturais, estavam as catacumbas.

— Lugar tenebroso — comentou Fabricius.

— É verdade. Nenhum romano vem aqui, apenas alguns para enterrar seus mortos... pobres.

— É verdade — respondeu Cipião.

— Que faremos?

— Há a parte velha, onde não há lugar para nenhum enterramento nas paredes. Podemos ficar lá... há um enorme salão, e já não enterram ninguém por aqui, há o chamado campo santo... alguns têm medo...

— Espera, Fabricius. Iremos para as velhas catacumbas. — E virando-se para Caius: — Tu vais comprar alimentos para nós, e retorna.

— Assim será. Sei o caminho. Podem ir.

✣ ✣ ✣ ✣ ✣

Ah! Irmão... o amor...

— Sim, o que tem o amor?

— Tantas nuances, irmão querido... Tantas formas a ele dão, quando em verdade o amor é apenas...

— O que? — interrompeu a outra entidade, interessada.

— É apenas... amor, caríssimo. O amor que une, o amor que tudo transforma para melhor. É o sentimento mais puro e sacrosanto que Deus pôs e distribuiu entre suas criaturas. É o amor razão, o amor enfim. Pena que tantos o usem sem ter sequer conhecimento de sua importância. "Eu a amo", ou "Eu te amo"— só deveriam estas pequenas palavras, formando uma frase, ser ditas por quem verdadeiramente AMASSE... Não seria um amor em relação sexual, quando do êxtase trocam-se palavras vãs como a frase acima. Mas, poderia ser se conhecesse a verdadeira chama deste sentimento tão profundo.

— Sei, irmão... "eu te amo" aparece em tudo.

— É verdade. Mas amam-se verdadeiramente?

— É como citar o Nome de Deus em vão. O amor é um sentimento único. Ou verdadeiramente se amam ou não há meio termo. O amor vence todas as barreiras, independe de todo e qualquer outro sentimento.

— Só que não é compreendido...

— Assim é...

Capítulo XXII

A SAÍDA PARA A INAUGURAÇÃO

Chegara o dia em que Marco deveria juntar-se ao séquito do Imperador, para, atendendo a seu convite, inaugurar a ponte de Puzoles.

— Cuidado, meu amor — dizia Lavínia, ajudando-o a vestir-se. — Este homem não merece a mínima confiança.

— Sei, amor de minha vida. Mas, esgueirar-me a este convite, seria muito pior. Saiba no entanto, que estou preparado para tudo.

— Meu pai irá consigo?

— Quando retornar da casa de Tálito, irá a meu encontro. Não te preocupes, amorzinho, já combinei tudo com o Félix. Ficai descansada — E beijaram-se com sofreguidão, beijos como se houvesse uma despedida premente. Marco vestira sua armadura dourada com desenhos em alto relevo mostrando deuses da época. Sua capa vermelha sobre os ombros, o capacete emplumado, o saiote de escamas metálicas, com o gládio à esquerda, botas trançadas até quase os joelhos parecia um deus dos venerados por seu povo.

— Vamos, amorzinho.

— Te amo muito, meu senhor — E ela ofereceu os lábios que foram osculados com todo o amor. Saíram do quarto. Ao começarem a descida da escadaria, foram interceptados por Dionísio.

— O que há, amigo? — inquiriu Marco.

— Tribuno...

— Dize, Dionísio, o que há?

— Teu irmão...

— Meu irmão? O que há com ele?

— Calma, meu amor — recomendou Lavínia, pondo a mão em seu ombro. Marco, parado, esperava a resposta.

— Espera-o no jardim...

— Espera-me?

— Sim, ele e o jovem Pietro.

— Deus! O que será agora?

— Ele está bem, senhor, só parece que veio de uma guerra.

Marco desceu as escadarias como um bólido, passou correndo pelo átrio, desceu as escadas para o jardim, e deu de cara com o irmão, Pietro e o ferido.

— Por todos os deuses — berrou.

— Só um, meu irmão — consertou Fulvius sorrindo.

— Fulvius... meu irmão... O que se passa?

— Estás belo... — galhofou Fulvius — vais a algum bacanal?

Lavínia chegou, abraçando o esposo.

— O que se passa? — inquiriu.

— Não passa — respondeu Fulvius — já passou.

— Mas o que? Quem é este homem? — voltou a perguntar Marco — e ferido!

Sem responder diretamente para o irmão, Fulvius dirigiu-se a Dionísio:

— Dionísio, chama os outros e leva este homem para a arcada das bigas.

— O homem está ferido, irmão... necessita cuidados.

— E vai ter...

— É teu amigo?

— Não, é teu inimigo.

— Mas, se nem o conheço...

— E por acaso conheceis a quem tanto mal te quer?

— Não estou entendendo...

— Ora, pára de falar, por favor. — E para Dionísio: Ponhas algo em cima do feno, mas amarra bem o tornozelo deste homem. Que não possa fugir. É perigoso. Manda alguém chamar um esculápio, quero-o bem amanhã. E é para já... — e empurrou o ferido em direção ao serviçal, que o amparou.

— Faze como meu irmão ordenou — assentiu Marco. Mas, podes me explicar o que há? E tu, Pietro, por onde andaste?

— Senhor... — tartamudeou o jovem, sendo de logo interrompido.

— O que aconteceu? — voltou a perguntar Marco. Lavínia aproximou-se, entrando na conversação:

— Cunhado... será que o "Terror de Roma" renasceu? O "Senhor da Triga"? O que fazes? Os tempos são passados, já não existe perigo como dantes.

Fulvius passou a costa da mão direita nos lábios, pigarreou e respondeu, dando um passo à frente e enlaçando a cunhada:

— Oh! querida...
— O que há, cunhado?
— Vem, vem cá — e segurando-a pelo pulso, fez o mesmo com o irmão, levando-os até o início da escadaria, onde, os largando, sentou. Tirou o capacete, alisou os cabelos e respondeu, olhando para Lavínia:
— É verdade. "O Terror de Roma" renasceu. Idem para o "Senhor da Triga"...
Um pé em um degrau, curvando-se, Marco perguntou:
— E por que?
Pietro não deixou o tribuno responder.
— Porque, senhor, se não o fizesse, estaríeis, tu, tua mulher e todos, agora, mortos...
Como se um raio o tivesse tocado, Marco pôs-se de pé e sério perguntou:
— O que houve? O que fizeste, meu irmão?
Fulvius não se admoestou. Pelo contrário, dirigindo-se à Lavínia:
— Lavínia, não vês que temos sede? Vai, vai buscar uma generosa jarra com vinho. Só depois eu falo. Vai, vai logo, estamos sedentos...
Ela olhou o marido, que assentiu com um gesto de cabeça. Ele sabia que o irmão apenas a queria afastar para falar algo que não queria assustá-la. A mulher subiu as escadas.
— Fala, agora — disse Marco.
— Uma emboscada para ti e todos, meu querido irmão. Escapaste de boa... — e contou tudo a Marco, que ouviu calado, mas com o semblante carregado.
— Deus! — murmurou.
— E quanto ao Pietro, ele entendeu tudo e retornou para me ajudar. Por isto não entregou tua biga...
Marco olhou o jovem, olhos rasos de lágrimas prestes a cair...
— Esta biga, com os cavalos, é tua Pietro, filho de Cassius Cheréa... não por pagamento, mas um presente que te faço.
— Senhor... — e Pietro adiantou-se, o abraçando.
— Não me chames senhor. Apenas amigo — e os dois se apertaram no abraço. Depois, Marco perguntou:
— E o ferido, o trouxeste para testemunhar...
— Certo, é verdade... tens um grande amigo no Pretório...
— Sei, sei, o Julius(30)
— Pois bem, o ferido é um soldado pretoriano... o chefe, também.

(30) Ver "O Peregrino" - o Decurião.

— E quanto à Vânia?

— Se queres, independo de qualquer acareação... torço-lhe o pescoço...

— Por Deus, irmão... o que dizes? Perdoar setenta e sete vezes...

— Sei, Marco, meu irmão. Só não te lembras de uma coisa.

— Que coisa?

— Não sou Jesus Cristo...

— Meu irmão...

— Esqueça... eis que chega a jarra de vinho. — Efetivamente, Lavínia descia as escadarias com a jarra segura pela alça e uma bandeja de prata com copos bronzeados. Marco acorreu para ajudá-la. Serviram-se, menos o dono da casa e esposa.

— Não vais beber, Marco?

— Não, não, irmão...

— Ele estava de saída, cunhado — explicou Lavínia.

— Notei isto. Pareces um deus, Marte... e isto — vais guerrear, rmão?

Sorrindo Marco contou tudo sobre o convite do Imperador. Seu rmão ouviu, bebericando, com o olhar taciturno.

— Aí tem coisa, meu irmão...

— É apenas um convite, Fulvius...

— A ponte em Puzoles...

— Pois é. Vão inaugurá-la...

— Vais em algum navio?

— Não sei, creio que não... não sei.

— Puzoles... — repetiu Fulvius.

— E já estou atrasado...

— Pietro — exclamou Fulvius — onde está Nicro?

— Na triga, Fulvius.

— Vê? Só sai quando mando. — E dando um assovio, chamou o ão que, rápido, veio enrolar-se a seus pés. — Este, sim, meu irnão, é amigo. Desinteressado, meigo, carinhoso, mas valente, à uma rdem minha pode até matar. Aquele, pára sob convite tu vais à uma nauguração, nada tem das qualidades de meu cão. Mas, mata por imples prazer.

— É verdade. Mas podes estar certo que tomarei cuidados redorados. Agora, tenho que ir. O Dionísio tomará conta do soldado. Na olta, irei conversar com Julius. Félix deve estar chegando com Tálito.

— Esperai um pouco, irmão...

— Dize, espero.

— Esta inauguração, esta ponte em Puzoles[31] fica em Nápoles, no golfo...

— É verdade, irmão...

— É longe... vê, parece-me estar mais informado que tu.

— Não te entendo.

— Ouça a insensatez deste monstro, esta extravagância, em querer fazer esta ponte... Para que?

— Irmão... estou atrasado.

— Não vás, Marco.

— Como recusar uma ordem do Imperador?

— Irmão, todos nós sabemos que esta tal de ponte, ligando uma parte do golfo àquele lugar de prostitutas, baias, não leva a nada. Ele apenas segue o que o doido de seu astrólogo disse, que "ele só seria Imperador enquanto pudesse caminhar sobre as águas do golfo de Nápoles...

— Já ouvi isto...

— E então?

— Não posso recusar, entenda, irmão...

— E tu, Lavínia, nada dizes?

— Dizer o que, cunhado? Teu irmão está disposto a ir...

— Sei. — E para Marco: — Muito bem, irmão, podes ir. Aguardo o Félix. Sê feliz. Encontro-o de regresso, aqui.

— Ave, Fulvius.

— Ave, Marco. Boa viagem.

Marco saiu apressado. Fulvius olhou para Pietro, tomou mais um gole, e abraçando Lavínia, disse:

— Sabes o quanto amo a meu irmão.

— Claro que sei, Fulvius... — respondeu ela medrosa.

— E o quanto te amo também... e a respeito.

— Mas claro.

— E a este que carregas no ventre — e passou a mão na barriga da cunhada.

— Também sei, Fulvius, o que há? Metes-me medo.

— Sossega. Isto é uma armadilha. Eu sinto. Apenas esperarei teu pai chegar e tomaremos uma providência.

— Mas o que?

— Calma. — E para Pietro, que a tudo ouvia: — Vai à casa de teu pai. Procura saber dele o que de fato se passa, e retorna, se quereis ajudar-nos, de imediato.

---

[31] Puzoles ou Puteoles.

— Irei voando, Fulvius.
— Eu o aguardo. Se teu pai também tiver ido, inquira seu secretário. Traze todas as informações que puderes. Eu descanso um pouco, meu joelho ainda dói. Vai, Pietro.
O jovem saiu apressado. Fulvius olhou à cunhada, que logo descobriu, pelo seu semblante, marcas de dor.
— Sofres, Fulvius? Tens dores?
Ele tentou despistar:
— Não, Lavínia, não... estou apenas cansado. Foi um longo dia.
— Sei, "Senhor da Triga" — respondeu ela passando o braço pela cintura do cunhado — Vamos, deita-te naquele triclínio, descansa. Quando meu pai chegar, chamo-to. — e levou o tribuno até o triclínio almofadado. Ajudou-o a tirar a armadura. Examinou seu joelho, e franzindo o cenho:
— Fulvius, ainda está bastante inflamado... Como Virna o deixou sair?
Deitando-se ele respondeu:
— Ela não sabe, coitadinha...
— Oh! Fulvius... tudo isto por teu irmão? Como o amas, hein?
Fulvius sorriu.
— A ti também cunhada. Ao Félix, à Míriam... afinal, somos ou não uma família?
— Deita-te, menino. Vou pôr umas bandagens em teu joelho.
— Não, Lavínia, não te incomodes...
— Descansa, não sentirás nada. — Beijou a testa do cunhado e afastou-se. Este, cansado e dolorido, não custou a dormir.

FIM DO 1º VOLUME

2º VOLUME

Capítulo I

TIAGO

Deixemos por enquanto os nossos principais personagens e retornemos há alguns anos no tempo.

Um dos discípulos de Jesus, o que mais zelosamente pregava com o mais consciente zelo chamava-se Tiago. Como missionário, foi sempre o primeiro dentro do Cristianismo, assim como Estevão foi o primeiro mártir.

Este Tiago, após a crucificação do Mestre amado, e de quem fôra companheiro em todas as suas peregrinações, não se esquivou de levar a boa nova a todos quanto pôde. Pregava com o maior zelo o Evangelho, sem medo ou receio de nada. Era filho de Zebedeu, que, coitado, vendo como seu filho corria perigo, por vezes imensas o exortou:

— Filho, Jesus já está morto... vê no entanto quanto ódio têm os fariseus, vê que após a morte Daquele, a perseguição que cai sobre nós é intensa. Estevão já foi morto, filho... Salva-te.

— Pai, todos estão se dispersando. Isto é bom, porque levarão, cada qual, às mais longínquas localidades, as palavras de nosso mestre.

— Isto é bom, filho. Por que não fazes o mesmo? Preserva-te da ira destes senhores...

Atirando o manto sobre os ombros, Tiago respondeu, sorrindo:

— Não, Zebedeu, meu pai. Teu filho vem de cepa forte e varonil. Conheci a verdade, e com ela irei até o fim.

— Então, o que fareis?

— Claro que não ficarei radicado aqui. A minha missão de apóstolo, pai, que me foi confiada não a posso limitar ao pequeno mundo da Palestina. Vou mais longe, muito mais. Terás notícias minhas, meu pai. Ore para Aquele que também conheceste. Mas não peça por teu filho. Deixai-me seguir a estrada que ele me indicou. Se eu errar, serei eu que errei. Entendes, Zebedeu?

O velho abraçou-se ao filho.

— Seja feita a vontade de Deus, meu filho.
Quando partes, e para onde?
— Embarco para Hispania...
— Filho...
— Adeus, pai. Tende confiança em teu filho.
— Sempre tive...
— Nos veremos sempre em pensamento, e se morrermos ou quando, nos encontraremos. Te amo, meu pai. Adeus.

Virando as costas, lágrimas escorrendo pelas faces, segurando um bordão, Tiago caminhou para longe, perdendo-se de vista. Viajou alguns dias pelo Mediterrâneo, até aportar, cansado a península hispânica. Aí, principiou, de imediato a "catequese" em nome de Jesus. Por todos os lugarejos, vilas, aldeias por onde passou, Tiago conseguiu tirar aqueles "brutos homens" da ignorância, levando a palavra do Deus Único, e através Dele, fez muitos milagres.

No entanto, como homem, e vulnerável à saudade, um dia resolveu voltar a Jerusalém. Sentia falta do pai e de amigos diletos. Não sabia sequer o que acontecia em Jerusalém, mas aquele "bichinho" atrás da orelha o fazia querer rever a terra em que tudo acontecera. Resolveu então deixar a península e retornar para assistir às festas da Páscoa, no mês chamado Nizan.

— Tiago, não vá — solicitou um dos muitos amigos que ali fizera.

— Sinto, meus queridos, mas tenho que voltar. A saudade de Zebedeu, meu pai, que sequer sei se vivo ainda está, e meus diletos amigos que lá deixei... são sete anos ausente, quem sabe tudo lá não esteja normal?

— O que será, então, de nós, sem tu?

— Digamos que eu espalhei o trigo em terra fértil. Tu e nossos amigos a regarão. Crescerá o trigo, e o colhereis...

— E retornarás, Tiago?

— Claro, claro. Após beijar meu pai, ver os amigos e celebrar a Páscoa, retornarei.

— Deus te ouça.

— "Deus nunca abandona os justos, e quando parece abandoná-los, é para os glorificar com a sua infinita graça". — E, com lágrimas nos olhos, e uma infinda tristeza em seu semblante, saiu. Estaria prevendo algo? Será que aquela despedida seria eterna? Logo deixou a península, desembarcando na Palestina, dirigindo-se logo para Jerusalém, para participar, dentro de algum tempo, das festividades da Páscoa do ano 44. Integrou-se à uma caravana de peregrinos que também para lá seguiam para a festa dos ázimos. Aproveitou, para tentar converter aqueles homens, alguns inteligentes, outros mais chucros, mas Tiago insistiu em que dessem atenção às palavras Daquele que nos veio salvar.

Súbito, avistaram o casario branco de Jerusalém. Todos ficaram alegres, acenaram, sorriram. Só Tiago permaneceu triste, ao ver aquela cidade.

— Amigo — perguntou um — chegamos sem tropeços ao fim de nossa viagem. Vê, lá no alto da muralha de Naim a bandeira de Israel flutua aos ventos.

— Sim, sim, vejo-a, e nem sei porque estou triste. No entanto, sinto algo que me amedronta.

— Ora, às vezes o nosso cérebro nos prega mentiras... quando pensamos tudo estar mal, logo acontece o contrário. Acalma-te.

— Mas, o contrário também acontece...

— Calma, calma amigo. Alegre-se. Vendo esta cidade santa, a cidade de Davi e profetas, temos que abrir nossos corações para a alegria, e enxotar as mágoas.

Tiago estava tenso. Sentia dentro do íntimo que algo mal o esperava. Por mais que fizesse não conseguia ficar indiferente ao que o coração lhe dizia. Nem parecia aquele ousado e fervoroso apóstolo a quem Jesus apelidara "o Filho do Trovão"... às vezes, quase em êxtase, os companheiros de jornada o ouviram exclamar, como se consigo só falasse: — Jerusalém, Jerusalém! "De ti não ficará pedra sobre pedra!" — "cidade ingrata que fizeste sofrer e mataste o Senhor, será que eu também para cá retorno para manchar com o meu sangue indigno as pedras de tuas calçadas?"

Os cânticos, a algazarra, a alegria dos romeiros o fizeram interromper os pensamentos. Pelas portas da cidade, qual enorme procissão, entravam todos aqueles que se encaminhavam ao Santo dos Santos e até depositar as oferendas e ração. Tiago afastou-se, há tanto tempo deixara aquela cidade. Perguntou a um e outro, e conseguiu saber que os outros apóstolos reuniam-se em casa de Maria, mãe de João, cujo sobrenome era Marcos. Foi para lá. À sua chegada, a alegria foi tanta, que impossível seria descrever. Comovidos às lágrimas, os discípulos do Mestre Divino queriam alcançá-lo todos de uma só vez.

— Esperem, irmãos — bradava ele, eu chego para todos. — E naquela singela casa, fez-se festa, em comemoração ao retorno do grande amigo. Entre copos de vinho e farta mesa, Tiago finalmente, já sentado, perguntou:

— Não vejo meu discípulo preferido... dorme?
— Refere-te ao Glauco? — inquiriu Maria.
— Sim, claro, meu amiguinho...
— Deixaste Glauco quando ele tinha 7 anos, irmão Tiago. Ele agora tem 15, está um rapagão...
— Ah! Não me dei conta dos anos. Mas, como está ele?
— Posso dizer-te com certeza que de ti jamais esqueceu. E foi o único a ter a certeza de que retornarias. Ele não tarda a chegar. Foi ao mercado vender umas galinhas e mel.
— 15 anos! Um rapazinho...
— E já apaixonado...
— Como apaixonado? — exclamou Tiago, enquanto todos riam.
— Ele não sabe por quem... apenas sonha com ela.
Todos riram.
— A viagem foi longa, irmãos. Já não tenho o vigor da mocidade.
— Quereis descansar?
— Sim, João, meu irmão, quero. Necessito mesmo repor as forças. Quero fazer amanhã logo cedo, uma visita ao Gólgota.
— Não te apoquentes. Vem, levo-o ao lugar em que dormirás em paz.
Tiago despediu-se de todos, e foi seguindo João até um dos cômodos da casa.
— Há dois catres. Tendes uma vasilha com água caso tenhais sede.
— De quem, o outro catre?
— Verás, irmão, verás...
— João...
— Ficai sossegado. O dono do outro catre não o acordará. Durma em paz.
Tiago deitou-se, mas não conseguiu conciliar o sono, ao contrário do que havia pensado. O cansaço cedera lugar à angústia que o avassalava. Finalmente quando estava quase a adormecer, notou que a cortina que servia de porta, mexera-se, e ouviu passos. Ficou quieto. Naturalmente o dono do outro catre. Ouviu o barulho da pederneira, e uma luzinha fraca iluminou parcamente o aposento. Tiago ficou com o olhar fixo na pessoa que chegara. Este retirou a túnica, de costas para ele. Era um rapazinho. Ao virar-se, Tiago não se conteve. Sentou-se rápido no catre, assustando o jovem.
— Glauco... — murmurou o apóstolo.
— Hein? Quem sois?
— Chega perto, rapaz.

— Quem é o senhor? — perguntou, segurando a candeia acima da cabeça.

— Oh! meu amiguinho, não reconheces mais o teu amigo? Os anos o tornaram quase um homem, e por isso me esqueceste? Aproxima-te, vê se me reconheces.

O jovem fez o que Tiago mandara. A luz bateu em cheio no rosto do homem sorridente e barbado, sentado no catre. O rapaz deu um grito de satisfação:

— Tiago... irmão Tiago! — e lançou-se aos braços do apóstolo, que o abraçou.

— Estás um homem, Glauco...

— Por que não me avisaram de teu retorno?

— Ora, por certo queriam nos surpreender...

— Apenas disseram-me não fazer barulho para não incomodar um visitante...

— Isto é coisa do João... mas então, já aprendeste a usar a funda? Tens ido ao templo?

— Quanto à funda, posso até competir com o Davi... vou sempre ao templo. Sempre segui teus conselhos.

— Que bom... acompanhas-me amanhã ao Gólgota?

— Claro, Tiago, claro.

— Pois bem, agora vamos dormir.

— Deus o abençoe, Tiago.

— E a ti também, Glauco.

No dia seguinte, Tiago, seu irmão João e o rapaz Glauco deixaram a casa de Maria muito cedo, dirigindo-se para fora das portas de Jerusalém, rumando para o alto do Gólgota, local em que fora erguida a cruz do Redentor. Ali, se prostraram em oração íntima. Após algum tempo, Tiago falou:

—João, meu irmão, te lembras de que nós, quando Ele era vivo na carne pedíamos os melhores lugares em sua corte?

— Claro, Tiago, claro, lembro-me muito bem.

— Que saudades, irmão, do tempo em que seguiamos os passos de Jesus.

— E Ele nos disse...

— Sabeis o que pedis? — interrompeu Tiago — Podeis vós beber o cálix que eu hei de beber?

— Ah! irmão... mas, por que estas recordações?

—Irmão querido, já são passados onze anos da morte do Redentor, mas ouço ainda suas palavras que ressoam como música em meus ouvidos. É verdade, disse Ele, que vós haveis de beber o meu cálix. Sabeis o significado destas palavras, João?

João não respondeu, parecendo estar alheio a tudo.

Aquele lugar avivava-lhe as recordações do passado, quando da terrível tragédia do Gólgota. Tiago, depois de pequena pausa disse-lhe, pondo-lhe a mão no ombro:

— Irmão, por que não respondeste quando perguntei-te o significado das palavras do nosso querido Mestre. Não sabes?

— Tiago, claro que sei. Sabemos que também seremos martirizados por nossos inimigos.

— E tens medo, João?

— Não, não.

— Perdoa a minha pergunta. Eu também não temo o martírio. E ao que me parece, o meu não vai demorar muito.

João encarou o irmão:

— Por que dizes isto?

— Venho com este pressentimento há algum tempo.

— Mas não atino os motivos para que te persigam...

— Herodes Agripa não é a favor das sinagogas?

— Sim.

— E esses homens já não proibiam as nossas orações e prédicas dentro dos muros de Jerusalém?

— É verdade.

— Então, meu irmão, não posso conformar-me com isto, e serei o primeiro a desobedecê-los.

— Como?

— Irei pregar publicamente a doutrina do nosso Divino Mestre.

— Irmão, isto não será uma temeridade? Não será de vós uma imprudência te martirizares, logo quando mais de ti necessitamos? Será que não devemos protegê-lo para que tu possas semear pelo mundo a semente do Evangelho?

— João, meu irmão. Vê, vê esta criança, o Glauco. Ensinei-o a lutar, sabias? Ensinei-o a usar a funda, tal qual Davi ao abater o gigante Golias. — e abraçou o rapazinho, que era todo ouvidos — nele, sim, devemos pôr todas as nossas esperanças a longo prazo. Seremos os ceifadores de cardos e heras inúteis, para que a nova semente desabroche em terra arroteada e sã, segura. Quanto a Teu irmão, não seria a mesma coisa pregar a nossa doutrina aqui ou no mais inóspito extremo da terra? Será, irmão querido, que não devemos combater o erro em todo e qualquer lugar em que ele se apresente?

João olhou o irmão, e nada disse, como se não houvesse palavras para responder. Glauco por sua vez, ainda abraçado ao amigo, externou-se, dirigindo-se a João:

— João, por isto, Jesus Cristo apelidou Tiago. Lembra-te?

— Ora, menino, eras tão pequeno...

— Mas O conheci. Vamos, como Jesus denominava o Tiago?

— Ora rapazelho...

— Diz, João...

— Ah! O Filho do Trovão...

— Pois é...

Tiago apertou em seus braços fortes o menino. Lágrimas rolaram de suas faces. João também chorou.

— Deixai-me estar com as crianças... vinde a mim as criancinhas... — e eu estava entre aquelas. — Os três se abraçaram.

— Pois bem, irmão, nada me deterá em minha missão de evangelizador.

— Muito bem, irmão, então, que se cumpra o nosso destino. Pouco me importa o martírio. Que venha quando quiser. Sei que Deus, que certamente agora nos ouve nos recompensará conforme os nossos atos e virtudes.

Ficaram os três em silêncio observando o local em que, há onze anos antes, haviam crucificado o Senhor Jesus. Uma enorme saudade daquele passado penetrou em suas almas. Já quando o Sol descambava entre as serras, os três abandonaram o Calvário, retornando à cidade. Por várias vezes Tiago voltou-se para o árido e pedregoso Gólgota, como se naquele gesto estivesse dando um último adeus aqueles sagrados lugares onde o Divino Mestre fôra crucificado e vilipendiado pelo furor cego dos homens. O pressentimento de sua próxima morte não o deixava, mas em seu semblante não se via a tristeza de quem sente deixar este mundo. Ao contrário, só exprimia a esperança de quem antevê todos os desejos realizados.

Como prometera, Tiago todos os dias pregava a sublime doutrina de Jesus à multidão que pelas festas da Páscoa, incluia as praças de Jerusalém. Com isto os homens da sinagoga se encheram de cólera ao saber que um discípulo de Jesus ousava contrariar suas ordens. Reiniciaram as perseguições, os soldados de Herodes Agripa a nada respeitavam, fossem crianças, idosos ou mulheres. Espancavam-nos e os prendiam. As prisões do Templo se encheram de fiéis. Terrivelmente açoitada pelo vendaval do rancor e da intolerância, quem poderia afirmar que o novo credo sairia ainda mais uma vez incólume de tamanho perigo? Chegados à casa de Maria, conversaram juntos.

— É, disse Marco, irmão de João — voltaram, outra vez, os dias de amargura...

— É verdade — assentiu Pedro, ali presente, o venerável chefe da religião de Cristo na terra.

— Como evitar tudo isto?

— Com oração, meus amigos — voltou Pedro a falar.

— Será que só isto basta? — exclamou Tiago exaltado — por que não nos unirmos e irmos de encontro a esse miserável que rege os destinos da Galiléia?

— Jesus — disse Pedro com a sua extrema brandura. — E tu, Cipião, pescador como eu, esqueceste que peixes não só dão no mar? Peixes são todos o que, atirada a rede, com ela vem?

— Nem sempre, Pedro.

— Muito bem, muito bem, mas vives do pescado.

— É verdade. Não vi o que aconteceu aqui com Aquele a quem tanto amamos.

— É verdade. Tu vais em minha frente, serás a plaina, prepara tudo.

— Mas, Pedro, nada conheço...

— Estiveste em tantos lugares... foste amigo de Dimas. Procura alguém que tenhas conhecido, que te tenha ajudado. Em breve eu lá estarei. Vai, Cipião, já... indagas, perquires, mas vai...

— E o que acontecerá comigo?

— Tendes medo?

— Não, Pedro, não... só não sei se posso sair-me bem desta missão. Afinal, não sou um dos apóstolos.

— Pouco importa o número de apóstolos, meu amigo Cipião. Todos, qualquer um, eu sei, é um apóstolo.

— Irei, sim, Pedro.

— Que Deus te guie. Prepara a minha estrada.

Em seguida, Pedro disse:

— Jesus, antes de nos deixar, disse-nos: Pelo Meu nome sofrereis e perserguir-vos-ão, entregando-os às sinagogas e aos cárceres. — Logo em seguida, todo ofegante, um dos seguidores da doutrina adentrou ao recinto:

— Irmãos, disse, cansado, olhos esgazeados — Os soldados de Herodes estão matando e enchendo as prisões a todos aqueles que seguiram Jesus. Não há quem os defenda, meu Deus! — e ajoelhou-se, cansado.

— Toma, bebe desta água — disse-lhe Tiago. Outros seguraram o rapaz. Tiago levantou-se, e olhos para o alto: Eu, eu os defenderei. — E, surpreendendo a todos, deixou a casa de Maria. Quando o quiseram seguir, já era tarde. Nas ruas, encontrou-se com vários soldados de Agripa.

— Não façais isto, homens. Por que tanta maldade?

Os soldados avançaram. Aquele homem, desarmado, a lhes falar assim? Louco.

— Parai, em nome do Cristo...

Teve Tiago o mesmo destino dos outros. Esmurrado pela soldadesca foi conduzido à prisão, mas gritou seu nome:

— Eu sou Tiago, apóstolo de Jesus.

Nada adiantou, foi levado com outros e encerrado nas masmorras.

Quando os sacerdotes souberam da prisão de Tiago exultaram de júbilo. Podiam, enfim exercer sua vingança contra o mais corajoso e exaltado apóstolo do Evangelho. Procuraram Herodes e pediram que o sentenciasse à morte.

— Ora, vejam... disse o "todo poderoso"... Há onze anos, Pôncio Pilatos lavou as mãos diante de vós, e deixou que crucificassem o tal de Jesus de Nazareth... Agora, voltais a fazer o mesmo pedido para um dos seus seguidores? Por que não o matam, vós mesmos?

— A festa da Páscoa está chegando, e não podemos derramar o seu sangue.

— Então eu é que o devereis fazer? Que tenho a ver com isso?

— Senhor, do poder que a lei te concede tu o sentenciarás à morte sem que necessitemos reunir o Sinédrio.

— Isto seria injusto, futuramente...

— Não importa, tens as bençãos dos sacerdotes da sinagoga e terás teu nome elevado na Galiléia

Agripa coçou o queixo pensativo. Depois, disse:

— Seja. Serão cumpridos os nossos desejos. Hoje, ainda hoje a cabeça deste insensato será posta em uma bandeja, quando poderão vir contemplá-la à vontade.

Tão logo os sacerdotes se retiraram, Herodes, através de um escravo mandou chamar o oficial chefe de sua guarda.

— Blasco — perguntou — onde está este prisioneiro que os sacerdotes querem seja condenado à morte?

— Senhor, em um dos cárceres da fortaleza Antonia.

— Pois bem, traze-o aqui. Quero ver este Nazareno de quem andam dizendo tantas coisas que ele faz e diz contra meu reino.

— Irei logo, senhor.
— Não demorais.
Cerca de duas horas após, o oficial apresenta-se ao rei, com o prisioneiro amarrado pelos pulsos. Ao vê-lo, só com a túnica rasgada, mostrando o peito forte e repleto de pelos escuros, Agripa teve um estremecimento involuntário ao ver a humildade e heróica firmeza do prisioneiro, cuja vida só dependia de uma palavra sua. Logo, serenou-se na arrogância:
— Então, discípulo de um falso profeta, ousaste desobedecer às minhas ordens? Por que?
Altaneiro, Tiago respondeu:
— Por que? Porque estão em primeiro lugar as Daquele que tu chamas falso profeta.
— Como ousais dizer isto em minha presença? — rugiu o rei.
O filho de Zebedeu não respondeu, apenas sorriu, um sorriso de piedade.
— Não responde? — gritou colérico Herodes.
— Que dizer? Rei da Judéia, se achas que me amedrontas com tuas palavras? Não existe poder na terra que me faça desviar um ponto sequer da minha linha de conduta.
— És um insolente... — chamando o oficial, ordenou: — Blasco retorna este miserável à prisão, e nada de contemplações com ele.
— Espera — gritou Tiago soltando-se das mãos do oficial — Herodes Agripa, tu nos persegues sem razão alguma. Seja. O Senhor, que nos ouve, também te perseguirá com a sua cólera. Tu morrerás na mais cruel agonia, como se um veneno te corroesse as entranhas, e a tua pele será coberta de vermes repugnantes que acharão na tua carne um pasto saboroso.
Agripa empalideceu de medo ante esta filosofia. Porém, recuperando-se gritou para os soldados que empurravam Tiago:
— Quero, dentro de cinco minutos a cabeça deste insolente, em uma bandeja...
— Obrigado, rei da Judéia — gritou Tiago — Também assim morreu João, o precursor do Messias...
— Será que não o vão soltar? — inquiria o pequeno Glauco a Maria, em frente à fortaleza Antonia.
— Não sei, Glauco... prepara-te para o pior.
— E Cipião, Maria?
— Ah! Já deve estar bastante longe. Felizardo, não saberá o que aqui vai acontecer...

— Vai acontecer? Estás assim tão certa de que algo acontecerá? Estamos na festa da Páscoa, nenhum sangue pode ser derramado.

— Sei, filho, sei... nas ruas. Mas, nas masmorras?

— Tenho que encontrar Cipião...

— Tende calma, ele já está bem longe...

Algum tempo depois, Tiago, em sua cela, ajoelhado, orava. Um soldado entrou, e disse-lhe:

— Acabaste com a tua oração?

— Ainda não. Mais alguns minutos e estarei à tua disposição.

— Ora, estou com pressa, não posso esperar mais — e pondo brutalmente a mão no pescoço da resignada vítima, obrigou-o a se ajoelhar.

— Jesus recebe a minha alma no teu reino.

Um golpe certeiro, e a cabeça do apóstolo rolou no chão imundo. Mais um glorioso filho do Cristianismo receberá a coroa do martírio.

Quando o fato foi tornado a público, Glauco não se conteve. Rasgou as vestes, gritou, e chorou. Maria e João o continham.

— Que Jesus é este, Filho de Deus que permite este homem tão bom ser assassinado? — gritava o jovem.

— Calma, filho, calma...

— Vocês são covardes... Cipião me falou sobre Dimas... Ah! Se aqui ele estivesse agora!

— Meu menino — disse Pedro — Dimas terminou seus dias na cruz, ao lado do Nosso amado Mestre. Ele assim o quis, pois certamente pensava que com o seu sacrifício, outros lutariam. E, estão lutando. Tu próprio, filho, estás fazendo isto.

— Tu — redarguiu Glauco — Tu negaste a Ele por três vezes...

— Verdade... tive medo. Não tenho mais. Tende calma, eu vou estar com Paulo, e seguir para Roma.

— E Cipião?

— Cipião foi aplainar, não o meu caminho, mas o caminho de nossa religião.

— Tiago — murmurou o jovem segurando a funda ao pescoço. Jamais o esquecerei.[32]

---

[32] O nosso irmão Henrique Peres Eserich nos concedeu o imenso favor de escrever este 1º capítulo do nosso 2º volume. Mercê de Deus o termos conhecido, pois erudito na história maravilhosa do Cristo, valorizou sobremaneira este nosso livrinho. Aleluia!

Capítulo II

A MORTE DE VÂNIA

— Como? — gritou, enraivecida, Vânia. — Como isto aconteceu? Estais louco? — O semblante lindo, parecia agora uma máscara misto de dor, estupefação e medo. — Corja de incompetentes.

— Senhora...

— Senhora? Bando de irresponsáveis — gritava ela no paroxismo da cólera, brandindo o chicote — Hão de pagar-me, todos vocês. Hei de vê-los estraçalhados nas garras das feras, no Circus Maximus.

— Fomos atacados, senhora... alguém de tudo sabia, nada podemos fazer, eram muitos. Conseguimos incendiar os carros, mas logo em seguida fomos surpreendidos por flechas vindas de vários lados...

— Sois incompetentes, e ficai certos que não irão escapar à minha ira.

— E nosso dinheiro, senhora?

— Dinheiro? — e ela deu uma gargalhada — Por acaso cumpriste nossa missão? Fujam, fujam, pois que tudo envidarei junto ao imperador para os punir.

— Não me ameaces, senhora — retrucou o que parecia o chefe. — Sou um pretoriano, e se fiz o que comigo combinaste, teve um preço.

— Sei... teu preço será tua morte, animal — E ato contínuo soltou as rédeas dos cavalos que puxavam sua biga e saiu em disparada por entre os materiais de construção. O homem ficou por instantes parado, observando o carro, com dificuldade ir passando por restos de materiais, sob o olhar de seus homens. Súbito, pôs uma flecha em seu arco, que foi retesando devagar. Depois murmurou:

— Disseste que guardasses também as lágrimas, lembra-te, serpente? — E soltou a flecha, que, certeira, foi-se cravar nas costas da bela mulher, atravessando seu coração. Ela sequer gritou. Soltou, músculos flácidos, mortos, as rédeas e caiu de borco no chão, morta.

— Você — disse ele — tira a bolsa que ela traz ao pescoço.

— Vamos enterrá-la?

— Para que? Deixai-a para os abutres.

✣ ✣ ✣ ✣ ✣

— Que multidão, hein Fabricius?

— É verdade. O nosso amigo Cipião vai ter muito que falar hoje.

— Que beleza, ver toda esta gente, com este olhar de esperança...

— E com esta suculenta sopa de verduras qual a irmã Cíntia está fazendo...

— Mas nem todos são pessoas do povo, irmão...

— Irmão?

— Ora, se o Cipião nos chama a todos de irmãos, como posso te denominar? Apenas amigo?

— Não, não, perdoa. Ele próprio nos disse que a palavra "amigo", só pode ser dada a quem verdadeiramente seja amigo. Amigo é aquele muito melhor que teu irmão. Daí...

— Somos irmãos? — comentou Cipião que chegava. Nós somos irmãos e amigos. Mas, veja quanta gente da chamada classe social alta, para aqui vêm. Vamos ter que separá-los?

— Oh! Mestre, eu não disse isto...

— Sei, irmão e amigo. A nossa religião independe de ricos e pobres. Todos serão bem-vindos. Vê a sopa que a irmã Cíntia faz. Para aqueles em que a fome bate à porta, tudo bem. Para os que dela não necessita, compreendem, e nos ajuda a aumentá-las. Entendeu, irmão?

— Sim, Cipião, entendi. Em resumo, pouco importa ser rico ou pobre... não é isto?

Cipião abraçou o amigo e completou:

— É, é mais ou menos isto. Mas note bem, o rico que é rico e nada faz pelos que não o são, é apenas um rico a mais... Mas o rico, que sabe ser rico, mas ajuda aos que necessitam, não é só rico individualmente... é rico em Deus. Aí a diferença.

— Sei, sei.

— Vamos, temos que falar a estas pessoas.

— Temos?

Cipião sorriu.

— Temos. Eu falo para todos, e tu, com teu amigo, fala para mim e Deus distribuindo o pão e a sopa após minha preleção.

— Obrigado, Cipião.

— Obrigado vos digo. — E passou ao púlpito improvisado, de onde dissertou sobre a doutrina Daquele que nos veio salvar, morrendo na cruz. Como bem disse Pedro, ele, Cipião, veio para aplainar o caminho do representante lídimo do Cristianismo.

✣ ✣ ✣ ✣ ✣

— Estamos quase chegando, Glauco. Estás cansado?

— Senhor, como eu poderia estar cansado na idade que tenho, e já tendo subido tantas montanhas em minha terra? Pergunto-te eu, estás cansado? Paremos.

Josefo sorriu. Efetivamente estava cansado. Seu corpo, já combalido pela idade, já não resistia àqueles exercícios. Mas, obtemperou:

— Estamos chegando. Lá, descansarei. Conheces o Cipião?

— Sim, o conheço. Era muito amigo de Tiago e Pedro. Ele nada sabe do acontecido.

— Sei, menino. E o admiro muito por teres feito o que fizeste.

— Eu tinha que fazer isto, senhor Josefo. Tiago era um grande amigo. Aqueles homens da sinagoga, junto a Herodes Agripa, não passam de animais.

— Vamos, estamos chegando. — Continuaram subindo a encosta pedregosa até atingirem o platô, onde logo viram a entrada da caverna que os levaria às catacumbas. Ao começarem a entrar, dois homens apareceram.

— A quem procurais? — inquiriu um.

— Ao irmão Cipião — respondeu Josefo — tenho comigo alguém que veio de muito longe para vê-lo, com notícias.

Um dos homens olhou para ele, depois sorriu e perguntou:

— Sois o irmão Josefo... amigo do soldado Lívio?

— Ah! sim, sim, eu mesmo.

— Perdoa-nos. Podeis entrar. O irmão Cipião está no salão da primeira galeria. Sou Fabricius. Entrem. Os dois entraram. A parca luz de archotes de resina presos às paredes, entre sepulturas escavadas há vários anos, foram andando até chegarem a um grande salão, também repleto de sepulcros escavados na rocha. Em uma espécie de mesa de pedra, diante de uma vela, um homem escrevia. A iluminação naquele salão natural, era muito maior que a dos corredores, já que várias tochas acesas, iluminavam com a luz amarelada todo o grande átrio.

— Cipião...

— Sim? — e o homem levantou a cabeça, reconhecendo quem lhe dirigia a palavra.

— Irmão Josefo! — exclamou levantando-se — que alegria — e aproximando-se, abraçou o idoso Josefo. — Como vai a menina Nádia?

— Bem, irmão, muito bem. Está curada.

— Ótimo. Oro por ela. Mas a que vieste?

— Guio este jovem, que o procura.

— Ah! sim... — e olhando para o rapaz, suas feições se transformaram. Segurou o jovem pelos ombros, ajoelhando-se à sua frente, exclamando: — Mas é o Glauco... — Oh! Deus, o que fazes aqui, tão longe, menino?

Glauco abraçou o homem, com os olhos cheios d'água.

— O que há? Transborda de meu coração enorme alegria em rever-te, rapaz. Estás crescido, mais velho... — Levantou-se, pondo uma mão em cada ombro dos dois, levando-os aos bancos improvisados, onde sentaram. Cipião continuou:

— Que notícias me trazes? E por que choras?

Entre soluços, Glauco respondeu:

— Em primeiro, de alegria por rever-te. E... — nova crise de choro soluçante.

— Que tens, jovem, fala, controla-te...

— Tiago foi decapitado...

Descrever a máscara de dor no rosto de Cipião, ninguém há de imaginar. Apenas murmurou, baixando a cabeça:

— Senhor Jesus! Tu que o denominaste o "Filho do Trovão", o levaste para Ti? Tiago, meu irmão e amigo... Quanta maldade... Herodes Agripa... que monstro...!

— Assim que saiste, a pedido de Pedro, tudo aconteceu. Pedro em breve estará aqui.

— Sei. Ele pediu-me aplainar os seus caminhos... vê, não estive naquela cidade condenada quando assassinaram Jesus. E não estava lá quando também assassinaram o Tiago... por que? E o João?

— Como as coisas andam por lá, João seria mais um mártir.

— Herodes Agripa... serás...

— Não digas, Cipião. Tiago já a ele disse tudo.

— Ah! pequeno Glauco...

— Deceparam sua cabeça, que foi posta em uma bandeja...

— Como o João Batista.

— Sim, foi.

— Oh! meu amiguinho... e quanto ao Pedro?

— Deve estar vindo. Quis ele antes encontrar-se com Paulo. Mas há de chegar.

— Eu sei, tento aplainar o seu caminho. Aqui encontrei pessoas boas, que me facilitam o que prometi.

Conversaram longamente durante algumas horas. Finalmente, Cipião perguntou a Josefo:

— Irmão, podeis acolher este jovem em tua casa por algum tempo?

— Com o máximo prazer, Cipião. A Nádia já gosta dele, assim como nós.

— Eles vão se dar bem. Agora, vou pedir ao irmão Fabricius que os acompanhem de retorno.

— Posso volver aqui? — inquiriu Glauco.

— Claro, meu jovem, mas, espera um pouco. Estejai atento aos acontecimentos. No entanto, certo estejais de que continuo aplainando o caminho de Pedro. Vão, agora. A notícia que me trouxeste muito me comoveu. Preciso meditar. — Chamou Fabricius, com ele conversou.

— Eu os levarei, ficai descansado.

✣ ✣ ✣ ✣ ✣

Pietro, regressando da casa paterna, encontrou-se com Lavínia no átrio.

— Senhora, eis-me de regresso.

— Tudo bem, Pietro?

— Meu pai foi também com a comitiva do Imperador... e Fulvius?

— Entrai. Meu cunhado dorme.

— Dorme?

— Viste o joelho dele?

— Sei, vi, sim, é uma temeridade...

— Mas vem, ele logo acorda. Meu pai também está a chegar. Mandarei trazer sucos e algo para vós. Ficai ao lado do "Senhor da Triga", ele pode acordar...

Pietro sorriu, e foi-se postar ao lado do amigo adormecido.

Não tardou muito e Félix chegou, trazendo o amigo Tálito e esposa. Lavínia e Míriam os receberam com efusões de alegria.

— Custou, Lavínia, para convencer este cabeça dura a aceitar o convite. — disse Félix.

— Senhora — externou-se Tálito — sei ser uma grande honra ficar sob teu teto. Só não quero dar trabalho. Pelo contrário, quero trabalhar. Vi teu jardim. Posso ajudar.

— Oh! amigo — e Lavínia abraçou o antigo gladiador — meu marido é teu amigo, eu o sou, também. Sois, não nossos hóspedes, mas parte de nossa família. Quanto ao jardim, eu e tu cuidaremos. Vamos, vou levá-los a seus aposentos. — E os levou escadaria acima.

— Levo as bagagens já — gritou Félix, ao tempo que se virava para Pietro.

— O que se passa? — inquiriu.

— Fulvius dorme...

— Sei, estou vendo, rapaz. Mas, algo está acontecendo, o sinto. Mas, o que?

— Vamos à varanda, e eu o porei a par de tudo. Deixemos que o Fulvius acorde por si.

Foram. Na ampla varanda, Pietro contou tudo. Félix ouviu com o cenho cerrado.

— Será que o Marco enlouqueceu? Como, depois desta emboscada perpetrada por esta mulher, ainda aceita de bom grado ir nesta comitiva imperial? — e eriçando os enormes músculos: — Quero ver este homem ferido, e já. Nada conseguiste saber em tua casa?

— Nada. Varro, o secretário de meu pai, apenas transmitiu-me alguns recados e sestércios. Meu pai também foi.

— É uma armadilha... — comentou o gigante pondo o antebraço curvado no rosto.

— Marco tem um amigo no Pretório...

— Conheço-o... Julius. É um bom homem.

— Fulvius quer levar este soldado ferido a ele.

— E é o que faremos. Mas quanto a este "Senhor da Triga" — e apontou Fulvius que dormia — vai-nos esperar. — Chamou Dionísio e recomendou: — Dize à minha filha que não deixe este homem sair. Ajude-a. Vou ver o ferido e sairei para o Pretório. Entendeste? Que ele nos espere.

— E quem vai pôr a mão nele, senhor? —Vê o animal que dele toma conta...

— Nicro — chamou Félix. — O animal apenas abanou a cauda. O gladiador sorriu. — É, mas Lavínia saberá como segurar o cunhado. Diz a ela o que te mandei. — E para Pietro:

— Vamos, vamos ver este soldado meliante.

— Calma, amigo Félix...

— Calma, por que? — perguntou Félix descendo as escadarias ao lado do rapaz.

— O esculápio nem sequer chegou, o homem está ferido.

— Ah! e tens dó dele...

— Não é bem isto...

Félix parou já no limiar da escadaria, e pondo a grande mão no ombro do jovem, disse:

— Se este sujeito, com seus companheiros, tivessem cumprido a sua missão, choraríamos agora, não é verdade?

— É, é verdade...

— Graças ao Fulvius e a ti, os papéis se inverteram. Que piedade devemos a ele?

— Então o que pretendes fazer?
— Antecipar tudo...
— Mas o Julius do Pretório...
— Afianço-te que ele chegará vivo ao Pretoriano. Mas já nos terá dito tudo aqui. Temos pressa, Pietro. Esta armadilha que Calígula armou para Marco faz parte da trama. Vamos, rapaz, e não me censure. — E foram direto ao lugar em que o ferido estava.
— Benjamim — gritou Félix ao guarda — afasta-te. Quero ver o prisioneiro.
— Senhor, tenho ordens...
— Ordens de quem?
— Do Tribuno.
— O Tribuno não está. Quer sair, ou trocar de lugar com o prisioneiro? — e investiu. O guardião afastou-se, entregando a chave ao ex-gladiador, que rápido abriu a pesada porta. O homem estava deitado, lívido pela perda de sangue. Olhos esgazeados, encarou o gigante, medroso. Em seu íntimo, certamente Félix sentiu dó. Mas, o ex-gladiador, acostumado que fôra a lutar na arena do Circus Maximus, onde tinha que matar ou morrer, a um simples gesto, fingiu, pois daquela entrevista dependia a vida de seus amigos. Fez a mais feroz das caras, e gritou:
— Então, animal... — e deu um chute na cama do doente, que urrou de dor — vais falar tudo quanto quero, ou daqui sairás num saco, vivo, com pesos amarrados nas pernas e atirado no Tibre.
— Senhor... eu nada tenho a ver com isto — gritou chorando o ferido.
— Pouco me importa — e deu outro chute na cama, fazendo o ferido gritar e pôr ambas as mãos no local da ferida.
Pietro nada dizia, mas, jovem como era, sentia pena, mas no entanto confiava no gigante.
— Vamos — berrou Félix segurando o doente pela túnica, levantando-o a meio, o que o fez novamente gritar de dor. — Quero saber quem te pagou para fazer a emboscada...
— Senhor, não sei o nome...
— Ah! não? — outro pontapé, novo grito de dor. — Então recebes dinheiro e não sabes de quem, chacal? — E tirou a espada — Para mim, pouco importa o que tenhas feito. Mas, juro-te matar-te-ei agora. Vais falar, ou não?
O ferido passou as mãos na cabeça, chorou, e finalmente disse:
— Não sei, não sei. Apenas uma mulher conversava com nosso chefe.

— Uma mulher...

— Sim, sim, uma linda mulher. Pagava a nosso chefe e ele a nós. Às vezes ela utilizava uma biga, vestida como centurião...

— Sei... e o chefe? Quem é?

— Senhor...

Outro pontapé e ameaça com a espada.

— Por favor...

— Só depende de ti...

— Sávio... Sávio, o Pretoriano...

Félix olhou para Pietro, este balançou a cabeça em sinal de assentimento.

— Sávio... — murmurou Félix — e a mulher?

— Não a conheço, senhor, to juro.

— Morena, muito bonita?

— Sim, sim...

— E quanto ao pagamento, onde se reuniam?

— Nas construções...

— Que construções?

— Água Cláudia... devem estar lá agora, é lá que se reunem.

— Sávio... Pretoriano — murmurou Félix — E a mulher, eu já a conheço... Que infame!

— Vânia... não te disse, gladiador?

— Hein? — voltaram-se e deram com Fulvius de pé no umbral da porta.

— Fulvius... ouviste tudo?

— Tudo, tudo. Cheguei a pensar que ieis matar este homem...

— Não...

— Eu sei, Félix. O esculápio chegou, fui acordado, e o trouxe para cá. Sequer sabia que havias chegado.

— Não o quis incomodar. Dormias...

— Sei, gigante, sei. Não te apoquentes. Deste mais uma vez prova, desnecessária, no entanto, do quanto nos ama. Fizeste bem. Vamos sair, o médico vai tratar deste pobre coitado.

Sairam.

— E agora? Que faremos? — Perguntou Pietro.

— Pediremos ao Julius que venha até nossa casa tomar o depoimento deste pobre coitado, e quanto ao Sávio, ele tomará as devidas providências.

— Sim, isto será feito — disse Félix. Mas, e quanto à Vânia?

Fulvius ficou quieto por instantes, depois, disse:

— Eles se reunem na construção...
— Sim.
— Vamos lá, agora.
— Fulvius, teu joelho...
— Aguenta. Quero pegar aquela mulher. Vamos logo, sei onde fica...
— É... olha atrás, vês quem vem...
— Ai, Deus, Lavínia! Me ajuda, Félix...
— Não me peças para mentir. Não o farei.
— Porco...
Félix deu uma gargalhada. Lavínia aproximou-se.
— A dona da casa pode saber o motivo desta reunião fora dos salões?
— Não é nada, filha...
— Espera, senhor ex-gladiador, marido de minha mãe, meu pai... sequer sabia da tua chegada!
— Como não? — urrou Félix — Eu não trouxe o Tálito?
— Trouxe...
— E então? — E ele abanou os enormes braços...
— E logo saiste... me deste um beijo? Disseste, como estás, filha?
— Lavínia... — pronto, dou-te um beijo, dois, três — e beijou a filha por afinidade.
— E eu, não mereço sequer um? — perguntou Fulvius.
— Tu, cunhado, és um descarado.
— Eu? — e pôs ambas as mãos no peito.
— É sim. Com este joelho, vais, agora, é para a cama, e vou pôr guardas para que não o deixem levantar ou sair.
— Lavínia, cunhada querida...
— Nada de lamentações, ex "Senhor da Triga"... se teu irmão aqui não está, cabe a mim cuidar de ti. E ainda por cima deixaste Virna só, meu Deus, que maldade...!
Esta deixa Fulvius aproveitou.
— Pois fique a senhora sabendo, que justamente eu combinava com teu pai e o Pietro para voltar para casa... se me prender, o que vais dizer à Virna, escrava? — E olhando para Félix: — Não era isto que estávamos combinando, gladiador?
Pietro estava a ponto de dar uma gargalhada ao ver a cara de Félix. Fulvius repetiu:
— Não foi isto, Félix? A pobrezinha está me esperando, Lavínia. Deixa eles me levar, por favor. Estou morrendo de saudades...
— Moleque — disse Lavínia — vai, doido, e dê um beijo em Virna. E chama teu cão, está à tua procura.

— És um anjo. Vamos, gente. — E voltando-se para o serviçal Benjamim: — Quando o médico sair, trancai tudo. Mas que nada falte ao ferido.

— Vai, cunhado. Dionísio saberá fazer tudo.

— Dá-me um beijo?

— Dou em ti para entregar a Virna.

— Te amo, escrava...

— Raspa-te daqui, já. Chama teu cão.

Fulvius chamou o cão, e saíram. Na rua, os três em uma biga, Félix perguntou:

— Onde iremos primeiro?

— Ao Pretório. Tenho que contar tudo ao Julius. E depois, para o lugar onde estes meliantes se reúnem. Calados, percorreram as ruas de Roma. Atingindo a Praça do Mercado logo divisaram o Pretório. Deixaram a biga aos cuidados de um rapaz, em troca de algumas moedas e entraram. Fulvius pediu que o anunciasse, e prontamente foram atendidos. Julius, todo sorriso, cumprimentou a todos, fazendo-os sentar.

— Quanto tempo não o vejo, Fulvius — disse ele dando início à conversa — E o Marco, como está?

— Julius, amigo, não vai, efetivamente, nada muito bem. — E pôs o oficial a par de tudo. Julius ouviu em silêncio, mas seu semblante denotava preocupação.

— Por Júpiter — bradou — esta mulher guardou tanto ódio?

— Pois é...

— Devias ter-me procurado logo, Fulvius...

— Se eu soubesse que era ela, o teria feito.

— O Sávio... este é da pior espécie... Tenho tantas queixas dele, arquivadas por ordem do Imperador. Mas desta ele não escapa. E o soldado?

— À tua disposição em nossa casa. Mas, é apenas um peixe pequeno, recebeu ordens.

— Sei, mas poderá testemunhar.

— Por isto aqui estamos.

— Tomarei todas as providências. Mas, tu me disseste que o Marco ter ido com a comitiva do Imperador...

— Foi...

— Fulvius, este homem está tramando alguma coisa...

— Meu pai também foi — explicou Pietro.

— Sei, meu jovem. Cheréa é um homem de bem. Há qualquer

coisa no ar, Fulvius, que não sei explicar. Várias galeras partiram para o golfo de Nápoles. Outros, foram em bigas, trigas.

— E é longe.

— Certamente. O que vais fazer?

— Primeiro, vou à construção da Água Cláudia. Ali se reúnem os meliantes.

— Queres uma escolta?

— Não, Julius, não. Poderá levantar suspeitas. Depois, tentaremos alcançar meu irmão.

— Posso requisitar uma galera...

— Não, não... — prefiro uma triga.

— Pois bem, irei pessoalmente tomar o depoimento do soldado ferido.

— Dar-te-ei notícias, amigo.

— Mas Fulvius — comentou Félix enquanto rodavam para a construção do aqueduto. — Fizeste-me mentir...

— Para Lavínia? — respondeu perguntando o Tribuno. — Ora, foi apenas uma mentirinha...

— Tu não mudas mesmo!

— Estamos chegando — observou Pietro segurando o arco.

— Fulvius diminuiu a marcha dos animais. Restos de materiais atravancavam a passagem.

— Saltemos aqui.

— Não há ninguém, parece tudo abandonado!

— É, é verdade. Não estou gostando disto — observou Félix retirando a enorme espada da cinta e pulsando ao chão, atento.

— Afinal o que estamos procurando?

— Se aqui foi sempre o local de encontro dos meliantes, alguma pista, algo que nos leve ao responsável...

— Olha, Fulvius — quase gritou Pietro.

— O que?

— Aqueles abutres... vê quantos?

— Alguma podridão por aqui... e notai bem, há marcas de rodas...

— Sendo aqui um local de uma construção, é normal.

Começaram a procurar, atentos a tudo. De repente, em uma ladeira recheada de cascalhos, depararam-se com uma biga, cujos cavalos não conseguindo desvencilhar-se das rédeas que ficaram fortemente presas aos pedregulhos, relincharam ao dar com a presença deles.

— Veja... é uma biga do Pretório.

— Devagar — recomendou Fulvius segurando o pilum — aqui há coisa.

— Olha! — gritou Pietro.

— O que?

— Há um corpo ali... parece um centurião.

— Deus do Céu... aqueles abutres... corramos, pode estar ferido.

Aproximaram-se, e ficaram horrorizados ante o que viram. O corpo inanimado, já rígido todo picado pelas aves.

— Meu Jesus! — exclamou Fulvius pondo a mão nas narinas.

— Uma flecha... cravada em suas costas...

— Precisamos virá-lo. Temos que saber quem é. — E com o pé, com esforço, virou o cadáver. E os três, em uníssono exclamaram:

— Vânia!

Fulvius ia abaixar-se junto ao cadáver, no que foi impedido por Félix. Lágrimas brotaram como por milagre dos olhos do oficial.

— Pobrezinha — murmurou, sentido.

— Morta pelas costas... — murmurou comovido o jovem Pietro.

— Que faremos, Félix? Coitadinha!

— Não podemos deixá-la assim, à sombra dos abutres. Temos que enterrá-la.

— Aqui?

— Tem que ser aqui. Não a podemos levar, neste estado. E se o fizessemos suscitaria suspeitas contra nós, o que demandaria muito tempo.

— Jesus Cristo!

— Olhe, há um canteiro com flores silvestres ali — e apontou. Já está pronto, ninguém vai mais nele bulir. Pás e enxadas existem — muitas. Depois, tornaremos a plantar.

— Coitadinha — voltou a murmurar o Tribuno. — Tinha tudo para ser feliz... o ódio a matou... Cheguei a amar esta mulher um dia!

— Pietro — disse Félix — arranca com cuidado as plantas daquele canteiro. Vou procurar as ferramentas.

Em silêncio, mas cuidadosamente, Pietro começou a arrancar as plantas, que ia amontoando ao lado. Félix retornou com algumas pás, e silenciosamente começaram a preparar a última morada daquela que em vida fora bela, mas que o ódio e a vingança transformara naquele corpo inchado, pútrido. Preparada a cova, aproximaram-se dos restos mortais. Fulvius tirou a capa vermelha e nela enrolaram o corpo, que depositaram cuidadosamente no interior da sepultura. Encheram-na de terra, e começaram o plantio.

— Dentro em breve tudo isto estará florido.

Fulvius ajoelhou-se e fez uma sentida oração.

— Que Deus perdoe os seus pecados — disse Félix.

— Eu cheguei a amar esta mulher, depois a odiei tanto que seria capaz de matá-la... Agora sinto piedade.

— Infelizmente ela plantou o ódio, e colheu a morte. Agora vamos, Fulvius, temos muito a fazer.

— É, vamos — respondeu o Tribuno dando mais uma olhadela ao lugar.

— Não parece uma sepultura. Ninguém suspeitará, em breve, que entre tantas flores existe o corpo de uma mulher que em vida também foi uma flor.

Capítulo III

A PONTE

Calígula havia ordenado que todos os navios mercantes e de guerra, se reunissem em Baias para servirem de uma base a uma ponte de navios, que sustentariam o madeirame. Quando ficou terminada a obra, ele vestiu-se com a couraça de Alexandre, o Grande. Ficou durante o dia inteiro, já que tinha por aquela ponte improvisada, passando para Baias,[33] regressou em uma quadriga, todo paramentado, seguido por seu séquito e guarda pessoal, sempre acompanhado por espectadores. No meio da ponte, havia mandado erigir um grande palanque, onde discursou enaltecendo sempre a sua pessoa. Após os discursos, um grande banquete, um grande, digamos, festim, que varou a noite. A seu lado, entre outros, Cassius Cheréa, que ali estava a contragosto. Foi quando seu olhar deu com o Tribuno Marcos Silônius. Dentre tantos, ele tinha preferência por aquele Tribuno, embora ele não fosse Pretoriano. Como a forte bebida enchia a todos de vapores alcoólicos, ele saiu e foi juntar-se ao amigo.

— Marco Silônius — disse — meu amigo. Folgo em rever-te.

— Cheréa — exclamou Marco todo sorrisos — que alegria, também ao rever-te.

Abraçaram-se.

— Quanto tempo, hein, Marco?

— É verdade, e residimos tão perto...

— É meu amigo... tu és um tribuno, eu... Marco o interrompeu.

— Também és Tribuno, Cassius.

— Perdão... enquanto tu defendes, eu ataco. Sou um Pretoriano, tu não...

— Mas que importa isto? Advogamos as mesmas causas...

— Sei, Marco, mas, eu sou de guerra, tu, de paz.

---

(33) Baias - pequeno vilarejo no golfo de Nápoles em frente de Puzoles... naquele tempo, irmão... N.A.E.

— Ora, Cheréa, noto uma certa tristeza em ti, e não é por aquilo que fazemos. O que há, amigo?

— Já estou velho, amigo... já lutei muito, e sempre com monstros como tantos que nos precedem. Depois de Tibério, esperávamos um melhor. Mas este...

— Calma, Cassius. Estás bem situado, deixa as águas do Tibre rolar. Aposenta-te... meu pai já o fez, e vive agora, se bem que mal de saúde, a idade, claro, mas não quer nem ouvir falar de Roma nem de Imperadores... Faze isto, amigo.

— Tenho um filho, Marco... ao qual sou muito afeiçoado, mas jamais tive tempo de estar com ele. Quero recobrar todo o tempo que perdi...

— Pietro — exclamou Marco, fazendo com que o amigo o olhassse expectante.

— Conheces o meu Pietro?

— Claro, amigo. Já estivemos juntos algumas vezes, ele é amigo do meu irmão Fulvius.

— Oh! sim, sim, ele contou-me um fato sucedido com teu irmão... o "Terror de Roma".

Marco sorriu.

— Já foi... está bem casado, acabaram-se as aventuras.

— Sei, amigo, sei... Pietro falou-me sobre a filha do senador Apolônio, que tanto te prejudicou...

— Esquece, Cheréa, isto já passou. Teu filho é um grande amigo nosso, o que estreita mais a nossa amizade.

— Obrigado, amigo. Mas, tocam trombetas. Tenho que regressar para o púlpito. Por que não vens? Não foste convidado?

— Fui, Cassius, fui. Recebi um cartão de prata...

— E por que não estás lá? — e apontou o palanque.

— Não sei... cheguei atrasado, vou apresentar minhas escusas depois.

As pessoas, os espectadores aglomerados naquela ponte improvisada sobre navios, acenavam, despreocupados para aquele "deus" flamante de bebida e comida, tendo a seu lado o "bobo" da corte, Helicon, que, com um vaso, recolhia o vômito do Imperador, e o atirava ao mar, retornando para o seu lado.

— Quanta gente — disse Félix a Fulvius, chegando pela parte de Puteoles.[34]

— É verdade. Mas receio tenho em passar por esta ponte...

— Deixemos a biga aqui, vamos andar. Quero ver meu pai — disse Pietro.

---

[34] Puteoles ou Puzoles... N.A.E.

— Bem dito. Mas, o Marco, onde estará?

— Se ficarmos a conversar, não saberemos nunca. Vinde atrás de mim, abrirei caminho.

E o gigante foi prosseguindo, empurrando a um e outro. Alguns tentavam reagir, mas, vendo a montanha de músculos, até pediam desculpas por estar à sua frente. Assim, chegaram até perto do púlpito. Ali, e em suas cercanias, já todos estavam embriagados. Tribunos, oficiais outros, até senadores e pessoas da alta classe romana, estavam na ponte. Pietro divisou o pai. Gritou, mas, como fazer-se ouvir diante das aclamações do populacho?

— Calma, menino — pediu Félix.

— E o Marco, não o vejo... — observou Fulvius.

— No púlpito, ele não está.

— Esta geringonça de ponte balança... comentou Pietro, abrindo caminho até ficar ante o palanque. Voltou a gritar pelo pai. Em um dos interregnos na azáfama, Cassius Cheréa ouviu e viu o filho. Levantou-se alegre e acenou. No mesmo instante, Marco apareceu:

— Que fazem aqui, seus moleques?

— Irmão — bradou Fulvius abraçando-se ao irmão.

— Que alegria "Senhor da Triga" — que fazes aqui? Algo aconteceu? — perguntou preocupado, e foi logo abraçando Félix e Pietro. Fulvius respondeu.

— Não, nada, tudo está bem. — mentiu.

— Pietro, estive conversando com teu pai. Ele te ama muito, rapaz. Quer o melhor para ti.

— Eu sei, eu sei... também o amo muito...

— Berm, irmão — perguntou Fulvius — o que fazes aqui? Recebeste um convite especial, e estás na ponte, como um cidadão qualquer?

Marco sorriu.

— É, devo ter-me atrasado. Sei não, irmão, mas não quis ficar ao lado do Imperador. Sabe, aquele pressentimento...

— Sei irmão. Foi bom tê-lo encontrado, e já que não estás lá, vamos, vamos sair daqui. Também tenho um pressentimento.

— Esperem, quero falar com meu pai —, gritou Pietro, acenando para o genitor que correspondia aos acenos.

— Vamos — aconselhou Fulvius, vamos sair daqui. — E o Félix, na frente, empurrando a um e outro, ia abrindo caminho na ponte improvisada por cima dos navios. Ainda não tinham atingido o outro lado, quando um alarido tremendo chegou a seus ouvidos. Viram, estarrecidos, soldados armados de piluns e gladius, atirando os espectadores, todos, ao mar.

— Meu Deus, o que acontece?
— Estão atirando o povo ao mar!
— Meu pai... — gritou Pietro — vou voltar...
Mas mão de ferro o segurou. Félix.
— Teu pai está bem, menino. Está no palanque junto ao imperador. Calma. — E para os outros: — Vamos sair logo daqui.
As pessoas atiradas ao mar, ao tentar agarrar-se aos lemes ou remos dos navios, eram rechaçados a golpes de piluns, enquanto o imperador ria, ria sempre.
— Senhor — bradou Cassius Cheréa — meu filho estava ali...
— Filho?
— Sim, meu único filho...
— Ora, Cassius Cheréa... fazes outro... e voltou à bebedeira e comilança. Cheréa cobriu o rosto com as duas mãos, enquanto Helicon também ria.
— Meu filho! — exclamou Cassius Cheréa, abandonando o púlpito.

✣ ✣ ✣ ✣ ✣

Na Astralidade, os nossos conhecidos amigos e mestres, conversavam:
— Irmão, então o nosso Glauco voltou a encontrar a companheira...
— Até as pedras se encontram, meu irmão.
— Sei... mas, ele já tem 16 anos... ela, 7 ou 8...
— E daí? Não se conheceram em um simples olhar?
— Queres dizer, a "luzinha"...
— Certo. Ela está sempre presente entre aqueles que efetivamente se amam.
— Quer dizer, então, que, antes de consorciar-se, o casal deve olhar um nos olhos do outro. Se não houver a "luzinha", até logo, acabou?
O outro riu.
— Não, não é assim. Esta luzinha só aparece no verdadeiro amor. Há pessoas que vivem bem, sem no entanto tê-la visto. No entanto, o amor verdadeiro, o amor que vem de milênios, depois de, como tu (brincou) dar tantas cabeçadas, se conhecem, independentemente de idade, sexo ou cor...
— Quer dizer que o nosso Glauco...
— Sim, já viu a "luzinha" , Nádia também.
— É lindo, tudo isto, meu irmão...
— É, é lindo, mas infelizmente quando isto acontece já sofreram tudo na busca.

— Mas, ao encontrarem-se, não é um prêmio?
— Sim, é... mas ao encontrarem-se terão que trabalhar com mais afinco em pró de uma coletividade.
— E o farão, claro, pois estarão juntos.
— Acertaste, irmão. A união...
— Faz a força?
— E a felicidade...

Capítulo IV

O SACRIFÍCIO DE CIPIÃO

Calígula havia deixado ordens expressas para que fossem exterminados os "focos" de cristãos. A herança que a linda Vânia deixara para concluir sua vingança, já que soubera do abrigo que a família Silonius havia dado ao peregrino Cipião. Houve o assassinato do egípcio, quando antes, avisado, Cipião havia se retirado. Mas, o Imperador deixara ordens para que se mantivessem alerta contra eles. E o homem escolhido foi justamente o assassino do pai de Nádia.

Uma noite, em que a lua cheia a tudo iluminava, tornando como se dia dourado fosse o já tarde da noite, reunidos cerca de mais de uma centena de pessoas, os soldados chegaram. A mortandade poderia se equiparar a que Herodes mandou, quando do assassinato das crianças do sexo masculino, em Jerusalém, quando soube do nascimento de Jesus, o Filho de Deus, obrigando a Sagrada família a ir para o Egito. Aos golpes de espada e lanças, iam, a seu bel prazer, matando a todos, sem importar com a idade. Cipião, no meio de toda aquela hecatombe, não sabia o que fazer, protegendo um e outro. Foi quando um soldado surgiu e o segurou pelo manto.

— Senhor, sais, sais já daqui...

— Lívio! — exclamou — Por que? Que matança é esta?

— Venha, senhor, vamos sair daqui.

— O Fabricius, o Caius... o menino Glauco...

— Saiamos, saiamos, volto para verificar mas o senhor tem que deixar este lugar.

— Jesus! tantos inocentes morrendo!

— Vamos — e Lívio segurou fortemente o braço do missionário.

— Mas, um pilum certeiramente atirado, quase atravessou o corpo de Cipião.

— Por Júpiter — bradou Lívio, abaixando-se ante o corpo do ferido, querendo tirar de seu corpo a lança, gritando impropérios a seus colegas.

— Não, não — gritou o já moribundo — não faças isto. É o meu fim, irmão.

— Senhor, que desgraça — murmurou o soldado em lágrimas, amparando o amigo.

— Aquieta-te, irmão. Logo um virá me substituir — e golfadas de sangue saíram de sua boca. Segurando a mão do ferido, Lívio disse:

— Se para adentrar nesta seita, tenho que ser batizado, batiza-me agora.

— Meu irmão querido — disse Cipião já nas beiras da morte — Eu te batizo, Lívio, em nome de Nosso Senhor Jesus Cristo. — e levantando com esforço o braço, fez com os dedos o sinal da cruz na testa do jovem. — Procura, — disse com voz já sumindo — o Glauco e o Josefo. Protege-os. — E fechou os olhos para sempre naquele corpo. Lívio ficou fitando aquele homem por alguns minutos, depois, cambaleante, saiu daquele cemitério onde cadáveres de crianças, homens e mulheres tiveram suas vidas ceifadas por ordem do monstro Calígula. — Terminada a matança, andou entre os corpos. Encontrou os amigos Fabricius e Caius, dilacerados, mas não encontrou o menino Glauco e Josefo. Procurou, revirou corpos, e já cansado, sentou-se em uma pilastra, passando a mão na testa suada. Os soldados, inescrupulosamente limpavam as espadas nas vestes dos mortos. "Estou batizado" — pensou, e saiu à procura de Josefo. Naquela algazarra, ninguém o notou, os soldados saqueavam os mortos, tirando-lhes braceletes e colares, sem nenhuma repugnância. Saiu da catacumba, atirou fora o capacete, e continuou a procurar. Viu ao longe, descendo a ribanceira, alguns que conseguiram escapar, embrenhando-se nos penhascos ou nas pequenas matas. "onde estarão?" — pensou, e começou também a descer a íngreme ladeira. Estava apavorado com o que vira. Fosse um combate, tudo bem, não aquele assassinato em massa, covardia pura e plena. Conseguiu chegar perto dos fugitivos, que vendo nele um soldado do império, medrosos e apavorados, alguns se ajoelhavam esperando ser trucidados. Ele os erguia, já chorando, e os ajudava, dizendo, quase aos gritos:

— Não temam, não temam, não os quero fazer mal — e assim ia, levantando um e outro, até que se aperceberam que de fato ele não era um inimigo. Assim, chegaram ao pé do morro. Inquirindo a um e outro sobre Josefo e o rapaz, viu-se já na rua da Roma quase adormecida. E resolveu ir à casa de Josefo. Lá chegando, bateu fortemente na porta por várias vezes, antes que uma voz amedrontada perguntasse:

— Quem bate?

— Josefo, sou eu, Lívio. Abre esta porta, homem.

A porta foi aberta, devagarinho.

— Vamos, homem, abre.

— Lívio... estás só?

— Claro, Josefo, claro, não tenhas medo.

Finalmente a porta foi totalmente aberta.

— Lívio — exclamou Josefo, ostentando ao redor da cabeça um pano ensanguentado.

— Por Júpiter, estás bem! — e o soldado entrou. Josefo cuidou logo de fechar a porta.

— Meu amigo Josefo! — exclamou o soldado abraçando o ancião. — Procurei-o por toda parte, naquele tremendo morticínio... revirei cadáveres, meu Deus!

— Que Deus? — inquiriu Josefo, abraçado ao rapaz.

— Não há outro, Josefo, nem pode haver. O pobre Cipião falou-me muito. Só pode existir um...

— Oh! filho... e Cipião?

Lívio abaixou a cabeça, e lágrimas escorreram de seus olhos.

— Choras?

— Josefo... Cipião morreu em meus braços.

— Morreu?

— Foi, amigo, morreu. No entanto, antes, me batizou, em nome do Nosso Senhor Jesus Cristo... que nem sei quem é, ou quem foi... mas o sinto aqui — e pôs a mão no coração.

— Oh! Lívio, que desgraça...

— O Caius e Fabricius também foram mortos.

— Que desgraça!

— E o Glauco, a Nádia?

— Estão bem, lá dentro. Temem os soldados.

— Não há o que temer agora, Josefo. Tudo por enquanto acabou — e afastando-se do velho, sentou-se no chão, afagando a própria cabeça, cansado.

— Cipião me disse que outro viria completar seu trabalho... quem será?

— Pedro... Pedro vem vindo — disse uma voz no umbral da pequena casa. Ambos se voltaram e viram Glauco, com o braço passado nos ombros da menina Nádia. Um pouco atrás, a senhora Túlia, chorava, mãos na boca.

— Glauco — exclamou Josefo.

— Glauco — e o soldado levantou-se.

— Pedro pediu ao Cipião que aplainasse o caminho dele... e ele o fez. Pedro, o dileto de Jesus, está vindo para cá. Eu vim dizer a ele que Tiago havia morrido... e agora é ele quem morre...

— É, quantos irão morrer para que sob seu sangue se construa a cidadela do amor?

— Estou enojado — disse Lívio — este uniforme me faz sentir culpado de tudo. Eu quase o tiro de lá com vida!

— Ele está vivo, soldado, no espírito. Cuideis disto — e abraçando Nádia, exclamou: — Eu e esta menina iremos lutar para que todos reconheçam que o amor existe e é eterno. Estamos cansados, vós também. Descansemos. — E saiu com Nádia e a senhora Túlia. Os dois se entreolharam.

— Gostei dele — exclamou Lívio.

— Eu, idem... minha Nádia está em boas mãos... posso morrer em paz...

— Mas como? É uma criança... ou melhor, são duas crianças...

— Não sei, Lívio, mas, o coração de velho, que trago aqui dentro do peito, me faz ter este pressentimento.

— Não saias de casa, Josefo. Deixa-me primeiro ver como tudo está. Volto a procurar-te.

— Teu capacete, soldado?

— Ah! Atirei-o longe. Consigo outro no quartel... Ficai em paz.

✣ ✣ ✣ ✣ ✣

— Mãe, vamos ao mercado — disse Lavínia à mãe Míriam.

— O que? Ao mercado? Filha, estás em pleno juízo?

Lívia sorriu e abraçando a mãe respondeu:

—Oh! mãe, só quero que saias um pouco comigo. Que melhor lugar que o mercado para duas donas de casa? Afinal, quero eu mesma escolher as hortaliças, frutas e carnes. E nos divertiremos. O Dionísio e o Benjamim irão conosco, não haverá problema.

— Filha...

— Mãe, prepara-te. Vou comunicar ao Dionísio, ele preparará o carro.

— Seja como quiseres.

✣ ✣ ✣ ✣ ✣

— Deus, que monstruosidade! — exclamou Fulvius olhando da outra margem as pobres pessoas a se debaterem no mar e a gritaria de pavor dos que continuavam na improvisada ponte.

— Verdadeiramente é um monstro — completou Félix.

— E tu, irmão, deveria agora estar entre aqueles infelizes — disse Fulvius a Marco que assistia ao espetáculo, boquiaberto.

— E meu pai? — choramingava Pietro.

— Teu pai está bem, jovem. Está no púlpito, ao lado daquele assassino, nada lhe vai acontecer. Agora, vamos retornar.

— Ele não esteve comigo... murmurou Marco. — e fui convidado com um cartão de prata...

— Certamente ele pensa que estejas dentre os que mandou atirar ao mar...

— Pode ser... mas quando souber que vivo estou, o que fará?

— Ora — refletiu Fulvius — Chegaste atrasado...

— É verdade — confirmou o ex-gladiador — e conseqüentemente, estás vivo...

— Mas o convite seria para estar a seu lado...

— Ele arranjaria outra desculpa, meu irmão... agora vamos, é longa a volta. Temos muito a conversar.

✣ ✣ ✣ ✣ ✣

— Tudo pronto, senhora — disse Dionísio — a carruagem está pronta e à sua disposição. Já falei com o negro...

— Negro? — interrompeu Lavínia.

— Perdão, o núbio Benjamim...

— Dionísio, não temos aqui preconceitos, não é verdade?

— Sim, senhora, claro, não há.

— Muito bem, o núbio ou o Benjamim, tomará com os outros, conta da casa... não é isto que me querieis dizer?

— Sim, sim, senhora...

— Vamos, mãe?

Dionísio cortezmente segurou a mão da senhora Míriam e desceram as escadarias. Dentro em breve, estavam na praça do mercado, onde, deixando a carruagem, começaram a percorrer os corredores repletos de barracas onde as mercadorias estavam expostas. Frutas, hortaliças, verdura, peixe, carnes as mais variadas. Míriam se divertia, comprando coisas e apreciando alguns saltimbancos que se exibiam. Lavínia alegrava-se com a euforia da mãe. Em uma curva, duas crianças as fizeram parar.

— Por favor, comprem um pouco de nossa carne.

Lavínia sorriu, olhando os semblantes súplices dos dois.

— Que carne? — inquiriu Míriam.

— É da melhor qualidade, senhoras — disse a jovenzinha.
— Que carne? — repetiu a mãe de Lavínia.
— Porco...
— Porco? — e a senhora levou a mão à narina — nem de graça...
— Mãe, espera — disse Lavínia sorrindo — e para as crianças:
— São irmãos?
— Não, senhora, não somos.
— E de quem é a carne que vendem?
— Ora vamos, Lavínia — protestou Míriam.
— Calma, mãe, calma.
— Pertenciam os porcos a meu pai... mas ele sumiu...
— Sumiu?
— Foi, sim, e não vai voltar mais. Então, o amigo dele, Josefo me adotou. Criamos os animais, em nossa casa...
— Sei, sei. E tu, jovem? Se não são irmãos, quem és tu?
Glauco estufou o peito e disse:
— Eu a protejo. Vim de Jerusalém...
— O que? — exclamou Lavínia interessada — Jerusalém?
— Sim, senhora...
Lavínia encarou interessada o semblante daquele rapazinho, séria, contemplativa. Por fim, disse:
— Compro toda tua carne. — Míriam discordou, desajeitada:
— Filha, o que dizes?
A filha não respondeu, mas perguntou ao casal:
— Não importa quanto peças. Compro-as. Mas, após vendê-las, não tereis mais o que fazer, senão regressar à casa, estou certa?
Nádia respondeu, pondo a mão no ombro do companheiro:
— Estás certa, senhora. Apenas compraremos algumas verduras e hortaliças... — e olhando os pés do amigo: — E umas sandálias para ele. O rapazinho a olhou surpreso. Lavínia continuou:
— Pois bem, compro também as hortaliças, verduras e as sandálias. Mas, teremos que conversar um pouco. Não nos apoquentes. Vamos àquela taverna ali — e apontou — Tomemos uns refrescos.
— Filha — bradou Míriam surpresa.
— Vamos? — E para Dionísio que as acompanhava com um cesto nas mãos: — Põe a carne entre as compras que já fizemos. Estaremos ali naquela taverna. Leva para lá a carruagem — e para os dois jovens:
— Aceitam?
— Senhora — respondeu Glauco — não sabemos quem és...

— Ah! respondeu Lavínia sorrindo — sei, tu a proteges... Mas, por acaso terei eu semblante de desonesta?

— Pelo contrário, senhora... pareces-me ser boa. Mas é que tenho certo receio dos ricos...

— Como, receio? — Lavínia estava interessada, ao contrário da mãe que queria ir embora e disto não fazia segredo.

— Ouvi alguém um dia dizer que "seria mais fácil um camelo passar por uma agulha, do quem um rico... "

Lavínia levou ambas as mãos ao peito, exclamando instintivamente:

— Jesus!

Glauco a olhou admirado.

— Como sabeis, senhora? Conheceste-o?

— Oh! meu menino — e Lavínia não pode esconder duas lágrimas que lhe rolaram pelas faces ante o olhar de Glauco.

— Conheci-o sim.. Eu estive lá... vamos, vamos à taverna. — Ouvindo aquilo, Míriam mudara de opinião. Olhou o jovem e reforçou o pedido:

— Vamos, rapaz, não tenhais medo. Eu sou daquela região. Tivemos a imensa satisfação de termos conhecido Jesus Cristo. Vamos, conversemos.

— Vou sim — respondeu o jovem dando a mão à menina — vamos Nádia, não tenhais receio. Foram. O taverneiro, ao notar a condição social das duas senhoras, esfregou as mãos e quase se derrete em mesuras e sorrisos, levando-os para um local reservado, onde, acomodados, os serviu.

— Então vieste de Jerusalém... — inquiriu Lavínia, notando como os dois comiam os pães e bolinhos postos à mesa. Esperou a resposta, olhando de esguelha a mãe que tudo observava. Ainda mastigando, Glauco respondeu, limpando os lábios com as costas da mão esquerda, enquanto com a outra segurava um pedaço de pão:

— Sim... vim à procura de um amigo...

— Ah! e o encontraste?

— Sim, sim — e ainda mastigando, pôs ambas as mãos sobre a mesa, curvando a cabeça.

— Encontrei-o... mas os soldados o mataram — e prorrompeu em choro convulso. Nádia o abraçou, também chorando, ante os olhares perplexos das duas senhoras.

— Tenhas calma, meu Glauco — dizia a menina acariciando os bastos cabelos do rapaz, testa encostada no antebraço, curvado sobre a mesa. A cena era comovedora. Lavínia, com os lábios tremendo, aguardou que ele se refizesse. Tão logo aconteceu, perguntou, segurando-lhe uma das mãos:

— Sossegue... pelo visto este teu amigo te valia muito... por que os soldados o mataram? Que fez ele?

Foi Nádia quem respondeu:

— Ele nada fez de mal, senhora. Foi um homem muito bom... curou um mudo, deu de comer a tantos, falava tão bonito em nome desse Jesus a quem adorava... curou-me também, eu já estava com os pulmões afetados pela doença, já sangue saia de minha boca e ele me curou... Os soldados o mataram, e a tantos, nas catacumbas. Graças a um amigo soldado, o Glauco e meu pai Josefo escaparam...

— Meu Deus! — exclamaram em uníssono as duas senhoras. — que barbaridade! E como se chamava este benfeitor?

Foi Glauco quem respondeu, levantando a cabeça. O rosto vermelho estava sulcado de lágrimas.

— Cipião, senhora...

— Cipião? — gritou Lavínia, enquanto a mãe se benzia, olhos fechados — Cipião, o pescador?

— Sim, senhora, sim... o amigo de Tiago e de Pedro...

Foi a vez de Lavínia prorromper em prantos. Míriam a abraçou, temerosa:

— Minha filha, acalma-te, acalma-te.

— Que maldade, minha mãe... um homem tão bom, tão justo.

— Toma, senhora, bebe um pouco d'água — ofereceu Glauco.

— Ai Deus — gemia ela encostando a cabeça no ombro da mãe.

— Cuidado com o Dimas em teu ventre...

— Dimas? Disseste-o, senhora?

— Sim, menino. Por que?

— Cipião conheceu um Dimas. Tiago falava-me sempre dele. Foi crucificado ao lado de Jesus...

— Sei, meu rapaz, eu sei... também o conheci. Foi um grande homem... e este que aqui está — e afagou a barriga de Lavínia — chamar-se-á Dimas em homenagem àquele... e foi Cipião quem recomendou.

— Conheceste o Cipião?

— Claro, jovem — disse refazendo-se Lavínia — ele esteve hospedado em nossa casa... Foi nosso amigo... eu não sabia de sua morte!

— Oh! senhora! Foi tão triste! Mas o Pedro vem aí, já está a caminho.

— Pedro! — exclamou Míriam... Conheci-o também.

— Como chegaste aqui, jovem? — inquiriu Lavínia, e o jovem contou toda a sua maratona. Elas ouviram caladas, assombradas e enternecidas. Ao fim, chamou a menina, abraçando-a perguntou:

— E o senhor Josefo, onde está?

— Em nossa casa, senhora. Ele cuida dos porcos, e vende sua carne. Hoje foi a primeira vez que viemos.

— Gostas do Glauco?

— Demais, senhora... parece-me já o ter conhecido antes.

Glauco sorriu, ajuntando.

— É verdade, o mesmo se dá comigo. Ao ver essas luzinhas nos olhos dela, pareceu-me já ter estado com ela. E, eu sonhava antes...

— Ele também tem as luzinhas...

Lavínia sorriu divertida.

— Eu conheço isto...

— Sinto, senhora — interrompeu Nádia — mas meus pais devem estar preocupados. Temos que regressar...

— É verdade — anuiu a senhora de Marco — mas eu os vou levar.

— Como, senhora?

— O que ouviste. Nós os levaremos à tua casa.

— Mas senhora — exclamou Nádia — nada temos a oferecer...

— Isto não importa, meu bem. Eu, é quem tem muito a oferecer. Vamos?

— E a carne, senhora?

— Eu a compro. Farei o pagamento em vossa casa.

Lavínia pagou ao taverneiro e saindo, chamou Dionísio:

— Põe toda a carne que guardaste entre as compras, em separado. Ao chegarmos em nossa casa, manda o Benjamim limpá-la, cozinhá-la e depois assar. Vamos ter convidados, se não me engano.

— Assim será feito, senhora.

— Vamos levar estes meninos à casa deles, antes — e chamando os dois: — Vamos, entrai, logo estaremos lá.

✣ ✣ ✣ ✣ ✣

— Que faremos agora?

— Ora — respondeu Félix — voltemos o mais depressa possível.

— É verdade, Marco. Vamos fazer os cavalos voar.

— Assim que chegarmos vou-me apresentar a ele...

— Vais, sim, é para meu sítio — grunhiu Fulvius. Eu, vou resolver o caso à minha maneira.

— Irmão, sou Tribuno, sei defender-me...

— És, sim, um homem de leis... que nada valem nestes dias. Eu, sou de guerra, irmão... vou matar este tirano.

Fulvius falou tão eloqüentemente, transmitindo tantas verdades em suas palavras, que fez Marco parar, pensativo.

— Tende calma, irmão. Não é assim que se resolve as coisas.

— Vamos, vamos sair daqui, e logo.

E as bigas se puseram a caminho, velozmente. Já muito distante, em um vilarejo, às margens do Tibre, Fulvius, que ia na frente, saiu da estrada, acenando para o irmão, e parou a biga em frente à uma estalagem.

Esperou o irmão e disse:

— Os cavalos necessitam beber e comer... nós, o mesmo.

Todo servil, o estalajadeiro os atendeu, mandou desatrelar os cavalos, que foram levados para a estrebaria. Limparam as bigas, engraxando os eixos. No alpendre, os amigos, já servidos com vinho fresco, refrescos e guloseimas, conversavam.

— Estou preocupado com meu pai — murmurou o jovem Pietro.

— Não fiques assim, nada acontecerá a ele.

— Não sei, não sei.

— Pietro — inquiriu Marco — foste com meu irmão procurar o Pretoriano Julius?

— Sim, fui... mas por que a pergunta não foi dirigida a ele?

— Porque este meu irmão às vezes mente para satisfazer-me.

Fulvius sorriu divertido, comendo um pedaço de carne assada.

— Muito bem — disse — fomos, conversamos com ele, a esta altura já tomou o depoimento do soldado ferido, e já deve estar atrás do Sávio, reconhecido por ele como um meliante, a soldo de tua amada Vânia...

— Amada Vânia! Jamais digas isto, irmão...

Fulvius olhou para Félix e Pietro, significativamente.

— E então? Está tudo bem? Quando esta doidivanas será presa outra vez?

— Vamos comer e beber primeiro — aconselhou o ex-gladiador.

— É verdade, após, conversaremos.

Comeram e beberam, conversando sobre vários assuntos. O estalajadeiro, alegre, sempre solícito, trazia tudo quanto lhe era pedido, antevendo o lucro que teria. Afinal poucos da estirpe dos que ali estavam passavam por sua estalagem. O dia, ou melhor, a tarde, declinava.

— Sabe que estou sonolento? — disse Marco.

— Mas é claro, e quem aqui não está? Vê, até o menino Pietro está bocejando...

— Temos que dormir aqui, não vamos nos aventurar por esta estrada à noite — recomendou Félix.

— É verdade — anuiu Fulvius chamando o solícito estalajadeiro, com quem conversou. O homem mais contente ficou, e mandou logo providenciar o alojamento. Logo em seguida, o Pietro foi para o lugar que lhe foi destinado, já que não se agüentava mais em pé, de tanto sono. Foi então que Fulvius, com a caneca de vinho, que levou à boca, e dirigindo-se ao irmão:

— Estás bem?

— Mas claro que estou, o que há?

— Vamos com calma — recomendou Félix.

— Bem, o que acontece? Desembuchem de uma vez — berrou Marco.

— Vá lá... a "amada"que não é tua "amada", não vai poder ser presa, como sugeriste.

— E por que não? Não foi ela quem tudo fez outra vez para nos prejudicar? — Vou, sim, mandá-la prender outra vez...

Fulvius olhou Félix, passou uma mão na cabeça e foi taxativo:

— Não farás isto, irmão.

O tom carinhoso fez com que Marco o olhasse nos olhos, e perguntasse:

— Como não?

Félix, vendo a dificuldade do Fulvius para dizer do acontecido, levantou-se e pondo uma de suas enormes mãos no ombro do Tribuno, disse:

— Porque, Marco, a Vânia está morta...

— O que? — e Marco levantou-se rápido, batendo os joelhos na mesa, tudo atirando ao chão — O que? — repetiu, investindo contra o irmão, mas sendo contido por Félix — Mataste-a, meu irmão? — bradou.

— Calma, tribuno, calma.

— Calma, irmão — disse Fulvius — não é nada disto. Dói-me pensar que duvidas de mim. Ela foi morta... sinceramente pensei em matá-la pelo mal que te fez... nos fez... mas não fui eu...

Marco, recuperando-se atirou-se aos braços do irmão, soluçando. Fulvius, também deixando as lágrimas correrem, rematou:

— Não fui eu... senti muito o que houve. Mas, a mataria de bom grado, por ti e por tua mulher. Mas, senti pena, o ódio passou... — e contou, com o Félix, tudo quanto aconteceu. Marco ouviu em silêncio, cabeça curvada. Por fim, externou-se:

— Sinto, irmão... no teu afã de ajudar-me, pensei...

— Que eu a havia de executá-la...

— Ele sentiu muito, Marco — entrou na conversa Félix. — Eu, ele e Pietro estávamos lá. Afugentamos os abutres. Ela estava morta... a enterramos.

— Meu Deus! — exclamou Marco — eu a amei certa vez, mas não a queria como esposa... e ela, era o que queria... foi sempre teimosa, prepotente. Lembro-me da cena que fez com a Lavínia,[35] em nossa casa. Mas voltar a nos atacar, após tantos anos... Coitada... Desculpa, irmão.

— Ela está bem agora. Da sepultura que a demos, nascerão flores tão cheirosas, como ela em vida...

— Coitada... — murmurou Marco.

— É verdade, eu não esperava. Jamais pensei que tivesse este fim...

— E o Senador Apolônio? Está tão idoso, coitado, como receberá a notícia? Ele sofreu tanto com as atitudes da filha...

— Não sei, Marco, meu irmão. Mas irei pessoalmente procurá-lo, e no que for possível, ajudá-lo.

— Senhores — exclamou Félix — creio que por hoje, chega de emoções. Já se faz tarde, vamos ter que seguir viagem cedo. Vamos dormir?

— Tem razão... ou ficar acordado remoendo o que passou... bendito Pietro, já deve estar a dormir a que tempo...

✣ ✣ ✣ ✣ ✣

Cassius Cheréa, ao abandonar o púlpito, ante a algazarra provocada pelo Imperador, temeu pela sorte do filho, pensando o mesmo estar entre aqueles que no afã de salvaguardar-se, lutavam nas águas, atiradas que foram pelo monstro Calígula. Percorreu grande parte da improvisada ponte, tentando, com seus gritos, superar o alarido das pessoas que ou se afogavam ou eram rechaçadas a golpes de piluns. Não encontrando o filho, cabisbaixo, casmurro, cabeça caída no peito, retornou ao púlpito, arrasado. O ódio imenso tornava seu rosto enrugado e macilento. Por várias vezes segurou o punho de seu gladio, disposto a matar aquele monstro que se empanturrava de comida e bebida, divertindo-se com a dor alheia.

---

[35] Ver "O Peregrino".

Pensava no filho, que, em sua mente, havia sido atirado às águas. Várias vezes a espada foi quase retirada da bainha. Por fim resolveu esperar. Acabada a festa, e sob aplausos, a comitiva imperial iniciou o regresso a Roma.

✣ ✣ ✣ ✣ ✣

— É ali a minha casa, senhora — disse a mocinha Nádia.

— Então, chegamos, finalmente.

— É uma casa pobre, nada temos a oferecer...

Lavínia acariciou os cabelos da menina e respondeu, comovida:

— Mas eu tenho, querida, muito a vos oferecer.

O carro parou.

— Saltemos — disse ela — quero conhecer teus pais.

— Senhora... vê quantas pessoas acercam-se...

— Não há problema. Vamos.

De fato, as pessoas das cercanias, constituídas de gente da plebe, vendo a carruagem das damas, se acercaram. Lavínia, todo sorrisos, a todos tratou bem, ajudando a mãe a descer. Nádia bateu à porta. Não demorou muito, Josefo abriu a porta.

— Oh! filhinha, chegaste...

— Pai, tenho uma amiga que quer conhecê-lo.

Lavínia interpôs-se, apresentando-se:

— Bom dia, senhor.

Josefo quase desmaia ao ver aquela dama. Gaguejou:

— Bom... bom dia... o que minha filha fez?

— Nada, bom homem. Apenas a trouxe, com o Glauco. Comprei toda a carne... apenas queria conhecê-lo. Tivemos um amigo em comum. Podemos entrar?

— Senhora... nossa casa...

— Sei, sei — interrompeu-o Lavínia — é pobre, não tem conforto.

— E é verdade...

— Com tua licença, entrarei. Necessito muito conversar contigo.

— Pois que entre senhora — respondeu ele abrindo totalmente a porta para dar passagem às damas.

Entraram. No único móvel existente na acanhada casinha, sentaram-se. Túlia, a esposa de Josefo, apareceu, toda solícita, mas desconfiada. Lavínia a pôs à vontade, e antes de entrar no âmago da questão, conversou muito com ela.

— Nada temos para oferecer, senhora...

— Mas eu tenho muito, senhora Túlia.

— Mas como?

Virando-se para Josefo, Lavínia, séria, disse:

— Tivemos, como já disse a teu marido, um amigo... Cipião.

Ao ouvir o nome do benfeitor, Túlia chorou.

— Conheceste o Cipião, senhora? — inquiriu o dono da casa.

— Sim, sim, o conheci. Ele esteve hospedado em nossa casa. — E contou tudo.

— Por Júpiter! — exclamou Josefo comovido — ele curou nossa Nádia... em nome de um Senhor Jesus, como ele dizia... assassinaram aquele bendito homem...

— Eu não sabia, não sabia que ele dissertava nas catacumbas em Nome de Jesus. Soube-o agora. Sinto muitíssimo. Meu marido quando souber sentirá também.

— Eu o conheci bem — entrou na conversa Míriam — em Jerusalém.

— É, ele veio de lá... como este rapaz — e indicou Glauco.

— Por ele estou aqui. Sofreu muito, o rapaz.

— É verdade... procurando Cipião, e ao encontrá-lo, que desgraça...

— Tentemos esquecer isto, senhora. Aqui estou para lhes propor algo. Espero aceitem...

— Oh! senhora, o que estiver a nosso alcance...

Lavínia foi taxativa:

— Gostaria que todos fossem para minha casa. É muito grande, e quero-os todos lá. Nádia terá boa educação, o Glauco idem. E vós, tereis a velhice garantida.

— Senhora...

— Não há com o que preocupar-se. Eu sou uma cristã, meu marido idem. A morte de Cipião não acabou nada. Como disse o Glauco, Pedro, que conheci, está por chegar. Certamente terá, não sei, o mesmo fim. Mas o cristianismo não fenecerá. Pelo contrário, de mártir em mártir se tornará poderoso, pois suas bases são o amor. E nada se compara a este sentimento. Por favor, aceitem meu oferecimento. Quero levar a Nádia e o Glauco agora, já. Mandarei buscá-los em seguida. O que dizem?

— Pai — bradou Nádia — ela — e apontou para Lavínia — tem as mesmas luzinhas nos olhos, que o Glauco tem... eu quero ir...

Lavínia sorriu comovida.

— Querida... esta luzinha quer dizer sinceridade e fidelidade. Sem estes sentimentos, é impossível vê-las. Eu as vi em meu marido e ele nos meus.

Josefo coçou a barba pensativo, olhou para a mulher, esperando uma resposta. Lavínia continuou:

— Minha mãe necessita de uma companheira de sua idade. Adorará tua presença, senhora Túlia. Eu, estou esperando um filho, e Nádia com o Glauco já o são por afinidade. Aceitem.

— Mas o que faremos com a casa?

— Vende-a... ou dá para algum amigo. E então?

Túlia se decidiu:

— Aceitamos, senhora. Confiamos em ti.

— Ótimo.

— Vou pegar minhas coisas — gritou Nádia.

— Não, querida, não. Apenas o necessário. Tu também, Glauco. Compraremos roupas para vocês.

— Senhora — exclamou Josefo quase às lágrimas... tudo isto por Cipião?

— Não, amigo não. Por tudo aquilo que ele e outros sonharam, este sonho que está se tornando realidade. Agora, vamos, os dois. Logo os mando buscar. Confiem em mim.

— Confiamos, senhora.

✣ ✣ ✣ ✣ ✣

A semente do cristianismo, não obstante as perseguições, germinara. Em nome do Cristo, os adeptos reuniam-se às escondidas em casas uns dos outros, debatendo os ensinamentos que obtiveram de Cipião. Não raro havia prisões e até execuções sumárias.

Capítulo V

A TRAMA

A comitiva chegou de regresso às comemorações da pseuda ponte. Cassius Cheréa chegando em casa, casmurro, triste, foi recebido por seu secretário, logo em seguida recolheu-se a seu quarto. Sentado, corpo curvado segurando a cabeça com as duas mãos, seu pensamento era um só: seu filho, que julgava ter perdido, e o ódio que sentia por Calígula. Chorou, soluçante. Depois, levantando-se, chamou o secretário a quem recomendou:

— Sétrios, vou sair. Necessito ir às termas. Não estou para ninguém, nem mesmo o Imperador.

— Assim será, senhor... e, quanto ao Pietro? Já não aparece há longo tempo.

Cheréa olhou o secretário, olhos rasos d'água e disse, batendolhe no ombro:

— Se ele viesse, saberia onde encontrar-me?

— Por certo, senhor, eu diria.

— Pois então espere... — e saiu. Foi direto às termas que sempre usava. Lá, entre tantos amigos, encontrou-se com Cornélio Sabino.

— Por Júpiter — bradou ele saudando o amigo — Precisava encontrá-lo.

— Como te foste, lá, na inauguração da ponte?

Cheréa pôs a par dos acontecimentos ao amigo, que ouviu tudo, aparvalhado.

— Meu amigo... — exclamou — e o Pietro?

— Não sei, não sei... deve estar morto, agora. Eu o vi na multidão quando o monstro mandou a todos atirar ao mar.

— Esta foi a gota d'água, Cheréa...

— Continuas comigo?

— Claro, não só eu, como tantos.

— Só peço uma coisa...

— O que?
— Eu é quem quero matá-lo...
— Sei, sei, eu também assim o queria. Mas, vê bem, ele tem asseclas em todos os lugares. Haja visto que outras conspirações não deram resultado.
— Sei, por isto o procuro...
— Somos muitos agora. Reunimo-nos em uma casa no monte Janículo, do outro lado do Tibre. Amanhã haverá uma reunião. Deves estar lá.
—Irei. Devo ir ao Forum amanhã. De lá, irei encontrá-los. Vou preparar tudo. Tenho que salvar Roma deste tirano.
— Combinados, então?
— Combinado, Sabino.

✣ ✣ ✣ ✣ ✣

— Bem, pessoal, aqui eu os deixo — avisou Fulvius —Virna deve estar preocupadíssima.
— Muito bem, irmão. E obrigado por tudo.
Fulvius sorriu.
— Para que servem os irmãos? — Abraçaram-se — Amanhã vou com Virna visitar-te.
— Espero-os.
Fulvius acenou para os demais e afastou-se em sua triga.
— Vou correndo para casa — informou Pietro — quero ver como está meu pai.
— Eu o levo, menino — ofereceu-se Félix.
Ao chegar em casa, Marco foi recebido calorosamente pela esposa, que o abraçava e beijava.
— Calma, Lavínia, calma — dizia ele tirando o capacete — preciso de um bom banho, estou cansado.
— Antes, conta-me tudo. O que aconteceu lá? E o Imperador?
Marco abraçou-a e beijou sua testa, após passou a mão em seu ventre.
— Como está ele?
— Ah! Já dá chutes na mãe...
— Quando nascer, dou-lhe umas palmadas.
— Vem, senta-te ali — indicou um triclínio — conta-me tudo.
Sentados, ele contou todo o sucedido. A esposa, séria, com uma mão no peito, exclamou:
— Assassino... Que maldade. E poderias estar entre os afogados.

— É verdade. Só não estive porque o Fulvius, com Félix e Pietro estavam lá, e eu cheguei atrasado. Agradeço à intuição de Félix em resolver voltar para a outra margem. A tudo assistimos, sem nada podermos fazer.

— Que barbaridade! E o Pietro?

— Félix o levou para casa. O Cassius Cheréa se não me engano, já que o viu conosco, pensa o pior.

— Meu amado! — e tornou a abraçar o esposo, beijando-o, no que foi correspondido — por aqui, também, as coisas não foram muito bem. — Marco a olhou interrogativamente.

— Como? O que aconteceu?

Foi a vez de Lavínia contar todo o sucedido com o pescador Cipião. O marido a ouviu carrancudo. Após, murmurou como para si mesmo:

— Jesus Cristo! Como pode um homem ter tanta maldade no coração?

— É mesmo incrível, meu amado. Mas nem tudo é tão feio assim.

— Que queres dizer?

— Aguarda-te uma surpresa... se bem te conheço, ficarás feliz.

— Ora vamos! O que me faria feliz numa sucessão de acontecimentos horríveis?

— Perdão, meu amado. Eu própria tomei esta decisão, sem consultar-te. Creio ter feito bem, mas, deixo a meu amor, amigo e senhor, a última palavra, à qual aceitarei.

Marco a apertou contra seu corpo, tornou a alisar os cabelos da esposa e respondeu:

— Pouco, quem sabe, te tenho dado atenção. Mas, vê bem, o que faças ou fizeres, conte com meu aval, divina esposa. — Beijou-a nos lábios, e após ela respondeu:

— Pois bem, além do Tálito e senhora, tenho mais alguém aqui.

— Por Deus, o que fizeste?

— Vou contar-te, amor — E contou todo o sucedido, desde o mercado, a ida à casa de Josefo, e do rapazito Glauco com Nádia.

— Querida! Esta casa é tão grande, faze como quiseres. Mas, quero conhecê-los. Claro, após o banho... e, a propósito, tenho também algo a dizer-te.

— Pois diga...

— Querida, Vânia está morta...

Lavínia pôs uma mão na testa e exclamou:

— Vânia... morta?

— Assim é. Meu irmão, com teu pai e o Pietro a encontraram e a enterraram.

— Jesus... coitadinha.

— Não tens, sei, ódio nem rancores para com ela...

— Não, meu amor, não, pelo contrário, sempre tive dó dela. Mas que fim triste... e o pai?

— O Fulvius ficou de procurá-lo. A propósito ele e Virna virão aqui amanhã. Mas, quanto à, digamos, os nossos novos hóspedes... onde estão?

— Primeiro vais ao banho. Após, eu o apresentarei.

✣ ✣ ✣ ✣ ✣

— Sétrios, onde está meu pai?

— Oh! Chegaste, afinal — respondeu o secretário de Cassius Cheréa ao filho Pietro que chegava.

— Onde está meu pai? — volveu a perguntar o jovem, nervoso.

— Minha mãe! Acalma-te, rapaz. Teu pai foi às termas.

— Ele está bem?

— Por que não estaria? Um pouco nervoso, perguntou-me se tu chegasses saberia onde ele estaria. Respondi que o diria.

— E onde está?

— Nas termas, rapaz.

— Vou procurá-lo — e saiu esbaforido.

— Pietro, calma, o que há?

O rapaz não respondeu. Saiu correndo. O secretário coçou a cabeça pensando: "Ah! estes rapazes..."

Pietro correu pelas ruas até chegar a terma preferida do pai, mas teve uma surpresa desagradável. O mesmo já havia saído, de volta para casa. Desapontado, regressou à residência. Tomou um banho reparador, e cansado como estava, deitou-se em um triclínio na ampla varanda, e logo adormeceu. Não havia dormido muito ainda, quando sentiu que alguém o sacudia suavemente. Abriu os olhos e deu com o pai ajoelhado a seu lado.

— Pai — gritou, levantando-se e abraçando o genitor.

— Pietro, meu Pietro — exclamou o Tribuno emocionado, apertando ao peito o filho.

— Meu pai, meu pai... — exclamava o rapaz — pensei tanta coisa...

— E eu, filho, fui mais além, pensei-te morto naquela chacina...

— Foi horrível, pai, eu assisti a tudo. Felizmente o Fulvius e Félix chegaram. Eu te gritei, mas naquele alarido todo, não me ouviste.

— Oh! filho — e sentou-se ao lado do rapaz. — Conta-me tudo o que aconteceu. Tu sumiste faz tempo.

— Ah! Psi, foram tantas coisas, tantos acontecimentos... Lembra-se da filha do senador Apolônio?

— Sim, sim, aquela doidivanas... que fez ela agora?

— Não fará mais nada, pai...

Cheréa olhou o filho interrogativamente.

— Por que?

— Está morta...

— Ah! E quem a matou?

— Um Pretoriano... mas isto em parte está resolvido. — E contou tudo o que aconteceu ao pai.

— Por Júpiter, quanta maldade!

— E tu, pai, o que farás agora?

Cheréa sorriu, um sorriso triste. Encarou o filho e respondeu, baixo:

— Não sei. Mas aconteça o que acontecer, lembra-te que esta casa e tudo que nela contém, te pertence. Também a quinta nas Sete Colinas.

Pietro, preocupado, inquiriu.

— O que há, pai? Foste ameaçado?

Cassius Cheréa tratou de pôr o filho à vontade.

— Não, não... é que me sinto velho, tenho mais é que pensar em ti.

— Pai — e o jovem abraçou-o — Não digas isto. Vais viver muito ainda.

— Assim espero. Mas, agora, descansa, dorme, mas em teus aposentos. Tenho que ir ao Forum amanhã cedo. Também tenho que descansar.

— Está bem, pai. Vamos indo?

— Não, vai tu, antes tenho que rever uns certos documentos, mas logo em seguida recolher-me-ei. Ave, Pietro.

— Ave, pai.

✣ ✣ ✣ ✣ ✣

Chegando ao sítio, após os beijos e abraços na esposa, e respondendo à uma torrente de perguntas, quando contou todo o sucedido.

— Esta mulher... — comentou Virna — está mesmo disposta a acabar com tua família! É preciso ser tomada uma providência imediata, meu querido.

Fulvius acariciou o rosto lindo da esposa e disse, meio taciturno:

— Ela não fará mais nada.

— Não? O que te dá esta certeza?

— Ela está morta, querida.

Virna abriu a boca.

— Morta? Como? Quem a matou?

— Podes estar certa que não fui eu... nem o Marco ou Félix...

— Oh! meu querido — e abraçou o esposo.

— Sinceramente, pensei seriamente em fazer isto. Mas não fiz. Encontramo-la já em estado de decomposição, com uma flecha cravada nas costas. Demos sepultura a ela.

— Coitada desta moça... não a conheci. Mas sei que era muito bonita.

— Sim e má. Foi a responsável direta pelo que aconteceu ao Marco.

— Rezarei por ela...

— E teu pai?

— Não inspira cuidados imediatos. Seu mal é apenas a idade.

— Perguntei-te, pois quero que vás comigo amanhã à casa do Marco.

Ela aconchegou a cabeça ao peito do marido e respondeu:

— Irei meu marido. Sempre é bom ver Lavínia.

— Vou ver teu pai, após um banho, e...

— E... — repetiu ela sorrindo.

— Marco e Lavínia riem de mim... esperam o Dimas. Não posso, nunca, eu, o Senhor...

Ela o interrompeu completando:

— ... da Triga, o Terror de Roma...

— Ficar para tias — terminou ele puxando-a para si e a beijando.

— Entendi, meu marido, entendi. Estou à tua disposição.

— Sei...mas, que pena! — disse ele fazendo uma cara feia, pensativa.

— Pena? Por que?

— Eles já estão adiantados... Que tal termos gêmeos? Assim, eu ganharia deles.

— Seu moleque! — E Virna mordeu-lhe levemente o queixo — Não queres perder para teu irmão, nem assim? Vai, vai banhar-te, menino malcriado.

Fulvius correu, mas logo parou.

— Ouve?

— O que?

— Esses latidos...

— É o Nicro, amor.

— Claro, sei, mas por que late tanto?

— É de alegria...

— Como alegria?

— Encontrou a "esposa" dele, com 10 filhinhos...

— O Nicro? — E Fulvius deu um pulo.

— Vou ver...

— Não — interpôs a esposa. Primeiro vais banhar-te e já...

— Claro, claro — e foi. Adiante parou, virou-se para a esposa e, brincalhão, disse:

— Vê?

— O que, molequinho?

— Até o Nicro chegou antes de mim — e esquivou-se da almofada que Virna atirou, correndo. Ela, sorrindo murmurou para si mesma:

— "Eu o amo, meu Fulvius."

Cassius Cheréa demorou-se pouco em seu gabinete. Efetivamente quis apenas dar tempo ao filho para que este dormisse. Nada tinha a fazer ali. Leu alguma coisa, andou, abriu gavetas, enfim, tudo quanto uma pessoa nervosa faz antes de tomar uma decisão. Por fim, vestiu-se. Pôs a couraça de metal luzidio, o saiote de placas, calçou-se, apanhou o emplumado capacete, e depois de cingir o pesado gládio, foi até os aposentos do filho, sorrateiro, sem qualquer barulho. O rapaz dormia a sono solto...

Sorriu e saiu. Era noite. Em sua biga, foi ao Forum, atravessou a praça, passou pela porta Carmentalis, do que antes fora o muro de Servius e seguiu para o Campo de Marte. Atravessou a ponte Janiculensis, andou em direção ao monte Janículo, e atravessando uma estrada de barro, parou junto à uma casa de aparência desgastada, quase uma ruína. A noite estava em seu auge. Sem lua, só a claridade intermitente dos pirilampos e a lanterna do azeite que fixava na biga. As estrelas, contribuíam com sua parca e distante luz. Saltou, cheio de receios, olhando para todos os lados, e aproximando-se da casa, bateu com os nós dos dedos três vezes à porta.

— Quem está aí? — perguntou uma voz.

— Sou eu, Cassius Cheréa.

— Qual a senha?

— Júpiter.

A porta abriu-se. Ele entrou, deparando-se com antigos companheiros. Uma vela de sebo foi acesa. Estavam embuçados, mas deixaram cair os mantos. Um deles se aproximou.

— E então, Cheréa?
— Tudo certo. Amanhã estaremos livres deste monstro que nos governa.
— Tens algum plano?
— Claro. Ao meio-dia Calígula vai assistir à uma encenação teatral no palácio.
— Sei, e que faremos?
— Eu e Sabino o esperaremos para beijar-lhe a mão...
— E?
— Em lugar de a beijarmos, enterraremos nossas espadas em seu coração...
— E as represálias?
— Podem haver... no entanto os libertos mais íntimos dele, estão a nosso favor, o odeiam. Os prefeitos do pretório, idem. Só parte da guarda pretoriana deve se opor. Mas será tarde demais, Calígula terá deixado de existir.
— Não tens medo, Cassius? Podes morrer também caso em que, como de outras vezes, nada deu certo.
Cheréa olhou o amigo e respondeu:
— Não, não tenho medo de morrer. Nem de que não dê certo. Já pesei tudo, e leguei tudo ao meu filho. Tenho um testamento em seu favor, ele estará seguro. É só o que me interessa. Cumpro o meu dever, ao tempo em que me vingo.
Cornelius Sabino pôs a mão no ombro do correligionário, exclamando:
— És um bravo, Cheréa.
Todos os presentes se acercaram.
— Está então tudo certo. Amanhã, todos no palácio.
— Lá estaremos.
— Sede, no entanto, prudentes como Minerva e mudos como a morte.
— Então Cassius, não nos preocupeis. Estaremos contigo.
— Que os deuses nos abençoem.
Todos saíram. Cassius Cheréa e Cornélio Sabino foram depois. Passaram devagar pela ponte Cestius, atravessaram a porta Carmentalis e foram até o Forum, dali, pararam por alguns momentos diante do palácio de Calígula. Havia luz na varanda.
— Sabino — disse em voz baixa Cheréa — a vingança é o néctar dos deuses. Júpiter! É também dos pobres mortais como nós... Até amanhã, amigo.
— Ave, Cheréa.
— Ave...

✣ ✣ ✣ ✣ ✣

Marco estava encantado com Nádia e Glauco. Principalmente o rapazinho, vivo e inteligente, o fez recordar, os tempos passados na longínqua Jerusalém.

— Então — perguntou — Pedro vem para Roma...

— E não deve demorar, senhor...

— Não me chame senhor, Glauco...

— Mas, senhor...

— Que tal tio?

Lavínia sorriu, levantou-se e abraçou os dois.

— Claro, serão nossos sobrinhos. Glauco a olhou sério e respondeu, olhando também vez por outra para Nádia:

— Sendo nós teus sobrinhos, conseqüentemente somos irmãos? — Coçou a cabeça significativamente. Marco entendeu, relanceou o olhar para a esposa e falou:

— Bem, serem nossos sobrinhos, só por afinidade. Isto não quer dizer que sejam irmãos consangüíneos... — Lavínia sorriu divertida, já que também entendera a pergunta do rapazinho.

— Apenas a Nádia, não é verdade?

— Sim — respondeu ele estufando o peito, sincero — ela tem nos olhos a luzinha da verdade, da sinceridade, como nos disse...

— E tu, Nádia?

— Também, tia... quando ele chegou, parecia-me já o tê-lo conhecido há muito... e ele tem também nos olhos aquela luzinha.

Marco e a esposa se olharam sorrindo. Depois, Lavínia abraçou Glauco, o esposo a Nádia.

— É verdade. — disse o tribuno acariciando os cabelos da menina — o amor é, e sempre será eterno. Dentro em breve, nossa casa será enriquecida por mais um — disse olhando o Glauco — que se chamará Dimas.

— Dimas, tio? — inquiriu este. — Ah! disseste-me...

— Sim, o Dimas que pouco conheceste. Foi nosso grande amigo. Então, esta casa que já passou por tantas amarguras, será totalmente feliz.

— Sei que vai, tio. Mas, quanto ao Pedro?

— Vai ser difícil para ele, Glauco. Tu sabes o que estão fazendo com os cristãos. Temo por ele. Mas, esperemos, quem sabe não poderemos ajudá-lo?

— Bem — interrompeu Lavínia — a casa é tua. Leva Nádia para os jardins, passeou, conversou. Amanhã iremos às compras. O que quiserem, peçam. Os pais de Nádia estão chegando, e conversa de "velhos" não interessam a vocês. Agora não.

Josefo e Túlia, acompanhados por Míriam, chegavam. Conversaram até o fim da tarde. Foram interrompidos pelo gigantesco Félix que adentrava, tendo em cada ombro Glauco e Nádia.

— Encontrei estes dois aos beijos e abraços no jardim... o que faço? Ponho-os na panela? A tempos não como crianças. — Os dois riam a mais não poder.

✣ ✣ ✣ ✣ ✣

— Soldado Lívio...

— Sim, senhor.

— Conta-me que chegaste ao quartel sem o capacete e o gládio...

— É verdade.

— E por que? O que fizeste? És dado à bebida?

— Não senhor, não costumo beber.

— Mas então, por que, sem o gladio, capacete e sujo de sangue? Alguma escaramuça?

— Posso falar, senhor?

— Mas claro que podes... só tu podes defender-se.

— Participei da chacina que a tropa imperial fez nas catacumbas.

— Chacina? — e o oficial olhou o soldado todo amarrotado. — como chacina? Contai-me tudo.

— Assim o farei. Não mais me importo com o que possa acontecer-me.

— Tende calma. Queres água?

Lívio aceitou. E contou tudo. O oficial ouviu calado.

— Foi horrível, senhor. Se tenho culpa, foi apenas por tentar ajudar uns amigos. Um deles morreu em meus braços. Antes, batizou-me. Sou cristão agora, senhor, pouco importa o que me aconteça. Perdi o gládio, o capacete, raivoso, atirei-o longe.

— Barbaridade! — exclamou o oficial levantando-se. O soldado se espantou.

— Salvaste os teus amigos?

— Sim, menos o que morreu em meus braços.

— E sois agora cristão...

— Sou, sim.

— Soldado Lívio... — parou, escreveu algo em uma folha de pergaminho, que entregou ao soldado, continuando: — Entrega isto ao almoxarife. Ser-te-á dado no capacete, novo gládio. Não fiques no quartel hoje. Vai para tua casa, procuras-me amanhã. Nada temais. Sois um bom soldado.

— Obrigado, senhor Centurião.

— Procura-me amanhã. Chamo-me Julius. Vai em paz.

Lívio saiu, ainda surpreso. Afinal — pensou — nem tudo está perdido.

✣ ✣ ✣ ✣ ✣

Em uma outra dimensão, os nossos amigos, entidades que mercê de Deus, já não tinham necessidade de reencarnar, senão, quem sabe, em Orbe mais aprimorado, conversavam:

— Não entendo, irmão, o porque de certas coisas...

— O que não entendes?

— A língua, irmão, a língua...

— Mas como a língua?

— Falo na língua como órgão de conversação, fala.

— Sim, sim, e por que?

— Certa pessoa, antes de uma aproximação mais direta com alguém, diz tanta coisa, confissões até. Depois, relacionando-se com este alguém, pensa que este esqueceu tudo o que foi dito...

— Ah! é uma verdade! Jamais se deve dizer coisa alguma sobre um relacionamento, para que se veja prejudicada após... Efetivamente a língua, dirigida pela mente, faz tantas coisas... destrói uma grande amizade...

Capítulo VI

VISITA A PALÁCIO

— Querido — perguntou Virna — por que assim todo paramentado? Vais a alguma guerra?

Efetivamente, Fulvius vestira sua roupa de combate. Sem saber o que responder à esposa, mentiu:

— É que devo ir a palácio, daí estar assim vestido. Vai haver teatro...

— Pensei ser uma visita social à teu irmão...

— E assim será, querida. Logo ao voltar do palácio, trocarei a roupa.

— Como, se nada levas?

— Ora, as roupas de Marco cabem em mim.

— Isto sei — e abraçando o marido, carinhosamente, disse:

— Meu amado. Não sei porque, mas sempre sei quando me mentes.

— Virna...

— Espera — interrompeu ela — São mentiras pequenas, e sempre em defesa de teu irmão. Eu sei, sei do amor tão puro que a ele delegas. Fulvius, meu amado, não queira nunca por o mundo segundo tua feição... Não o podes consertar. Ama teu irmão, certo. Mas jamais vás de encontro a forças antagônicas, pois só nos trazem o mal. Tu, vestido assim, como me apareceste, quando eu nada via, cega,[36] mas após, tendo contato com minha mão em seu rosto, ao ver de novo, eras aquilo que sempre pensei. Agora, Fulvius, vejo, e tenho um sentido maior do que tu pensas. Sei que queres iludir-me, já que teu propósito é outro. Te peço, em nome daquele que conheceste, não faças isto.

Fulvius ouviu calado. Afinal a esposa dissera tudo quanto ele pensava ser segredo só dele. Ela continuou:

---

[36] Vide “O Peregrino”

— A verdade, meu amigo, meu senhor, meu amado, sempre vem à tona. Mentir é apenas uma condição passageira. Tudo se descobre... e na descoberta, sempre pior...

— Virna... — ele a abraçou, mas ela continuou:

— Jamais, em tempo algum, assim ajas. Jamais faça com que se descubra algo que não foi dito. Seja sempre sincero. Conte tudo. Pois não existe maior dor para quem descobre uma mentira. E ela sempre será descoberta... e então, acaba-se uma relação... Sê sempre honesto.

— Mas Virna, eu o sou. Amo-te.

— Sei, meu amor. Tudo por amor a teu irmão, e sem querer me preocupar. Eu sei disto.

Fulvius a abraçou e a beijou sofregamente, após, disse:

— Anjo, que faço? Efetivamente eu queria matar este tirano. Daí meu paramento. O que faço agora?

— Meu amado... Faze o que me mentias...

— O que?

— Não íamos à casa do Marco?

— Mudo a roupa...

— Não, estás lindo assim. Teu irmão não tem roupas que cabem em ti?

— É verdade.

— Quero-o comigo assim vestido. Tenho orgulho de meu tribuno.

Novos beijos, novos abraços.

— Vou mandar preparar a carruagem...

— Não, não — disse Virna.

— Como não?

— Vou contigo em tua triga...

— Virna!

— Vou e pronto... — e sorriu.

✣ ✣ ✣ ✣ ✣

— Solta-os, comedor de crianças... Estas são minhas... — gritou Marco.

— Pelo menos, que eu seja apresentado... sei lá quem são? Eu as ia comer lá mesmo no jardim... — e esfregou a espessa barba no pescoço dos dois, que desataram a rir.

— Solta-os — repetiu Marco rindo, como riam todos. O gigante depositou os dois no chão.

— Vem cá, Nádia — chamou Lavínia abrindo os braços. Ela correu e abraçou-se com ela.

— Vê, este homem?

— Sim, é um gigante...

— É meu pai.

— Teu pai? — inquiriu Glauco — A tia é tão pequena, e ele parece uma torre!

— Glauco — falou Marco — este gigante esteve em Jerusalém conosco. Conheceu Dimas, e principalmente a Jesus de Nazareth.

O rapazito olhou a figura imensa de Félix e comentou:

— Com este tamanho, por que ele deixou matarem o Cristo?

— Meu querido — entrou na conversa Míriam — Ele nada poderia fazer, se bem o quisesse. Dimas, com todas a pessoas que o seguiam, também nada pôde fazer. Estava escrito, meu rapaz, que haveria de ser tudo assim.

— Ele me parece o gigante Golias, que me contaram.

Todos riram. Félix aproximou-se, ajoelhando-se ante os dois, e mesmo assim, maior que eles.

— Se eu fôsse o Golias, serias tu o Davi. Não tens esta funda no pescoço?

Glauco sorriu.

— Foi Tiago quem me ensinou a usá-la. E ele me falou do Davi. Mas, eu não a usaria contra ti. És um homem bom... e não comes crianças...

— Mas que crianças? Sois um homenzinho. Mas, esta menina, eu como — e avançou brincando, para Nádia no colo de Lavínia, que se encolheu toda. Ato contínuo Glauco tirou a funda e habilmente colocou uma pedra que retirou de uma pequena aljava, e a rodou pela cabeça.

— Queres repetir a história, gigante?

— Calma, rapaz...

— Quem tocar em Nádia...

— Eu sei, seu sei, a defenderás, Glauco — interrompeu Marco ante o olhar admirado de todos.

— Farei isto, tio — e abaixando a funda — aqui por brincadeira, jamais eu faria. Mas, pode ser que surja uma oportunidade, quando Pedro chegar.

— És valente, rapaz — e Félix o abraçou.

— Vem cá, Glauco — chamou Lavínia. Ele obedeceu — dá-me esta funda.

— Tia...

— Sossega. Ela te será devolvida.

— Mas eu não a usarei...
— Sei, mas, quando se anda armado, a qualquer afronta, tira-se a arma. E não deve ser assim. Marco te levará amanhã ao quartel. Vais aprender muito. Dá-me, agora, "tua arma"?
— Pois não, senhora minha tia — e o rapaz entregou a funda.
— Que tal uns refrescos? — ofereceu Marco chamando com um sinal a Dionísio. Depois, para Félix: — Demoraste, gladiador.
— É, tens razão. Deixei o Pietro em casa, mas fiquei por perto, sei lá o que poderia acontecer. Vi-o sair correndo, apé, e segui-o devagar. Afinal não sabia o que ele iria fazer. Foi ter à uma terma. Esperei, ele saiu. Então regressei, seguindo-o até sua casa.
— Ótimo. Ele estava tão preocupado com o Cassius Cheréa, coitado.
— Verdade. Saíram abraçados à varanda. Então regressei. No caminho tive uma notícia triste.
— Mais uma?
— Triste, no modo de dizer... mas, creio, foi até melhor.
— O que, pai? — inquiriu Lavínia, medrosa.
— O senador Apolônio foi encontrado em seu quarto... morto. Morreu dormindo.
— Ah! Coitado... doente...
— É, morreu sem saber nada do que a filha fez... menos mal.
— E as exéquias? — Novamente perguntou Lavínia.
— Não, Lavínia, não. Foi um ponto final. Acabou. Com todo o respeito que a ele tinha, mas, acabou. Nada temos a ver com isto. As leis romanas sabem como tratar desses assuntos.
— Orarei por ele.
— Isto nós faremos. Mas é só.

✣ ✣ ✣ ✣ ✣

À tarde, Fulvius chegou com a esposa. Marco, vestindo apenas uma toga branca, olhou o irmão, e admirado exclamou:
— Meu irmão, vais à guerra?
Virna correu para Lavínia, abraçando-a e à Míriam. Félix aproximou-se.
— Ora vejam... parece-me até aquele Fulvius que conheci em Jerusalém. — O oficial sorriu, cumprimentando a todos. E dirigindo-se à cunhada:
— Vê? Se aqui chego sujo e estropiado, ferido, reclamam. Se chego a caráter, a mesma coisa... da próxima vez, virei pelado.

— Não, desaforado — rugiu brincando Lavínia — Não passarás do portão.

Entre risos e brincadeiras, apresentaram os novos hóspedes, com os quais Fulvius muito brincou. Tálito e esposa ali estavam. A noite veio, jantaram, divertindo-se com as histórias que cada qual contava. Foram dormir quando já a noite ia à meio.

Pela manhã, bem cedo ainda, enquanto todos dormiam, cansados, já que só noite alta se recolheram, Fulvius e Marco, madrugadores por excelência, encontraram-se no amplo jardim, ambos à procura do leite fresco de cabras que abundavam na parte traseira das casa. Surpreenderam-se ao encontrar Félix já com uma grande caneca de cobre na mão.

— Ora vejam! — comentou Fulvius — o sol ainda medroso não rompeu as nuvens, e já o nosso gladiador está de pé...

— E antes de nós — ajuntou Marco.

— Os meninos querem mamar? — perguntou o gigante sorridente.

— Pelo que vejo, já mamas antes de nós... Encheram as grandes canecas de cobre e foram sentar-se em um alpendre próximo.

— O que tirou o nosso sono? — perguntou Félix.

— Quanto a mim, no sítio esta é a hora em que já me encontro de pé — explicou Fulvius bebendo grande gole.

— Eu, também — disse Félix — E para Marco: E tu, homem da cidade, o que há?

— Preocupação — explicou o Tribuno.

— Por que a preocupação, irmão? — E Fulvius tornou-se sério — tua maior preocupação não existe mais. O que, agora?

Marco alisou os cabelos, sorriu e respondeu:

— Sonhei com Vânia...

— Ora, e que mal há nisto? — perguntou Félix.

— Nenhum, mas foi um sonho tão vivido... eu a senti, irmão e Félix... agora mesmo penso em estar sentindo o seu perfume...

— Ora — e Fulvius bebeu mais um gole do leite — tu a amaste um dia, é natural...

— Não, irmão, não é... ela dizia, enquanto suas mãos, tentavam segurar-me o pescoço, que me levaria para onde ela está, que a vingança não estava terminada. Seu rosto antes tão lindo mais parecia o de uma harpia... e que força! E aquele perfume...

— Não passou de um sonho, um pesadelo...

— Mas foi tão natural... ela disse ainda que Calígula saberia como fazer...

— Jesus! — exclamou Félix fazendo o sinal da Cruz.

Fulvius atirou com um gesto o resto do leite da caneca, longe e bradou:

— Será que eu terei que morrer para ir matá-la, ou sei lá o que, onde ela estiver?

— Ah! irmão... deixa de bobagens...

— Marco — atalhou Félix — hoje não é o dia em que pretendias explicar-te ao Imperador?

— Sim, é...

— E vais, irmão? —observou Fulvius.

— Por que não? Claro, devo uma explicação a ele.

— Sei, sei, e se bem o conheço, não vai adiantar tentar demover-te disto.

— É verdade.

— Pois bem, iremos contigo.

— Mas...

— Iremos contigo, senhor Tribuno — frisou o ex-gladiador.

✣ ✣ ✣ ✣ ✣

— Vais onde, meu pai, assim todo paramentado? Até as insígnias de guerra!

— Pietro, meu filho — respondeu Cassius Cheréa. Hoje vai haver uma festa em palácio... à hora sétima...

— Sétima? Mas é tão cedo ainda...

— É que antes haverá ensaios, e o Imperador estará presente.

— Posso ir contigo?

— Não filho, irias entendiar-te, é somente um ensaio, como falei-te. À noite, quem sabe? — Olhou-se no espelho de prata, ajeitou o capacete e mirando o filho:

— Já te disse tudo ontem. Haja o que houver, tudo quanto possuo é teu de direito. Inclusive a quinta...

— Pai — interrompeu Pietro — por que dizes isto? Não vais, ao que sei, à uma guerra...

— Não, não, filho, ficai sossegado... é que em minha idade, tudo é possível. — Abraçou e beijou o filho. Este notou suas mãos trêmulas, mas nada acrescentou. Cassius Cheréa saiu em passos largos. Pietro ficou só, a pensar. Algo não estava certo. Sentira em seu pai uma certa insegurança ao falar, seus gestos mecanizados, um leve tremor. Pensou em Calígula, no que presenciou na pote no golfo de Nápoles e tremeu. Levantou-se rápido, e saiu.

— “Vou à casa do Tribuno Marco” — pensou, e para lá rumou. Já o sol ia a tudo esquentando, fazendo derreter as gotas de orvalho nas árvores. A cidade acordava. Chegando à casa do Senador Silônius, se fez anunciar, e como já o conheciam, o fizeram entrar. Foi encontrar Fulvius, Marco e Félix ainda conversando.

— Pietro — exclamou Fulvius indo ao encontro do jovem.

— Fulvius... não esperava encontrá-lo aqui... — e abraçou o amigo. Marco e Félix achegaram-se.

— Tão cedo, Pietro — disse Marco pondo a mão no ombro do rapaz. — O que aconteceu? —Pediu ao serviçal um copo de leite, que entregou ao rapaz. — Vamos, sentemo-nos naquele tronco.

— Estás com uma cara, amigo Pietro — observou Félix.

— É mesmo — concordou Fulvius — o que se passa?

— Estou preocupado com meu pai — iniciou o jovem a explicar.

— O Cassius? Que tem ele?

— Nada, nenhum mal de saúde, mas...

— Mas? — dize logo — observou Fulvius.

— Cedo, e ele, todo paramentado como se fosse à uma guerra, foi para o palácio.

— Ora, ele é um dos preferidos do Imperador...

— Preferido, em que? Para o achincalhar, chamá-lo de velho, gordo e incompetente? Isto é ser preferido?

— Pietro...

— Deixa-me terminar — atalhou o jovem — Desde que cheguei lá daquela malfadada ponte, ele, que me pensava morto.... Todos viram — e apontou para cada um — Ele não está bem. Foi ao Forum, pôs todos os seus bens em meu nome, inclusive a quinta lá no Palatino, que ele tanto adora. E perguntado por que, vem sempre com evasivas, “é que estou velho”, estas coisas. Jamais vi meu pai assim.

— Pietro, isto prova o grande amor que ele te tem.

— Certo, Fulvius, mas isto seria normal, por que a pressa? Algo está acontecendo.

— Ele foi à palácio?

— Sim...

— É de fato muito cedo.

— Vai haver um ensaio teatral, que verdadeiramente o espetáculo será à sétima hora... Por que foi agora? Será apenas um ensaio..

Fulvius olhou o irmão, pensativo.

— Que achas, irmão? — inquiriu Marco.

— Não tens que ir à palácio?
— Sim, claro.
— Então, vamos, vamos logo, algo não me cheira bem...
— No que pensas?
— Não sei. É apenas uma intuição...
— Seja. Irás conosco, Félix?
— Mas que pergunta... — respondeu o gigante em sua voz tonitroante — claro que irei.
— Vou me vestir. Félix, pede ao Dionísio para aprontar três bigas...
— Três? Quem vai mais? — inquiriu Fulvius levantando-se. — Tenho minha triga... Irei com Pietro, com o Félix...
— Ah! Trigas, trigas... — comentou Marco.
— Afinal, quem sou? — perguntou galhofeiro Fulvius batendo no ombro do irmão.
— O Senhor da Triga — responderam em uníssono os três, rindo, retornando à casa.
Marco subiu correndo a escadaria. Não demorou-se muito, retornando com o uniforme completo de Tribuno, acompanhado pela esposa, e Virna. Esta abraçou-se ao marido.
— Toma cuidado, meu amado.
— Não te preocupes — respondeu ele beijando-a na fronte.
— Mas não é cedo demais para irem à palácio? — comentou Lavínia.
— Não iremos diretamente para lá — explicou Marco, fazendo os olhares para ele se dirigirem. Completou: — Vamos parar na Praça do Mercado, onde faremos o desjejum. Depois, é que seguiremos.
— Então, vamos, pois já estou faminto — observou o gigante.

✣ ✣ ✣ ✣ ✣

No palácio, Cassius Cheréa estava inquieto. Era quase meio dia. Seus amigos ocupavam lugar, por postos, ou cargos que ocupavam, por toda a enorme sala onde se daria o ensaio do espetáculo que teria início à hora sétima. Havia muita gente no local, nobres com suas esposas, e pretorianos que guardavam o local. Aproximando-se de Sabino, assim falou o tribuno:
— Tudo certo?
— Tudo, Cassius. Tudo quanto combinamos. Se necessário for, lutaremos.
— Quem sabe? Os monstros como ele, por mais miseráveis que sejam, têm sempre quem os queiram defender. Mas vamos em frente. Ao grito de "a mim", atacaremos.

— Vê, o salão está se enchendo. Mas Calígula dorme. Encheu-se de vinho ontem, até tarde.

— Mas ele virá, com certeza.

— Cheréa...

— O que, Sabino, queres desistir?

— Não, não, estou contigo, acalma-te...

— Então, o que queres teu pensamento, que não transformas em palavras?

— Como um monstro destes, sequer pensa que outrem o odeia? O mal que ele tem feito, as mentiras, os subterfúgios, as traições, e ele não vaticina nada, seguindo seu próprio destino?

— Sei, Sabino, eu o entendo, amigo. Mas ouça: Quando alguém, e não é necessariamente ele, mas qualquer um com o cérebro voltado para o que foi um dia, sempre age assim. Crê ser uma divindade, ou um rei, rainha, princesa, seja lá o que for, dando a si próprio valores que efetivamente já tiveram, e que agora têm para consertar o mal feito, e em vez disto, como já to disse, traem, enganam, por mais que queiram ser livres, arrogantes, inconseqüentes, sempre acabam assim...

— Filosofas, Cheréa? — inquiriu Sabino.

— Não, to digo a verdade. Por mais procurem, embora achando, querem continuar sendo os superiores... e só acabam mal.

— Vê, Cassius, vê quem está chegando.

— Onde?

— No portal, Cheréa, ali — e Sabino apontou.

— Por Júpiter...! — exclamou o conspirador Cassius — meu filho!

— Com os tribunos Marco e Fulvius...

— Por Júpiter — tornou a exclamar Cheréa — E agora, o que faço?

— Não sei. E te pergunto, o que farás?

Pensativo, Cassius Cheréa respondeu:

— Livrando este povo deste monstro, livro também o meu filho. Vamos adiante. Nada mudará.

✣ ✣ ✣ ✣ ✣

“Dias antes, o terrível César havia consultado o seu astrólogo Silas, e este tinha-lhe predito uma morte próxima.

Supersticioso como romano que era, Calígula mandou deitar sortes e estas advertiram-no que desconfiasse de Cassius.

Havia, então, na Ásia, um proconsul chamado Cassius Longinus, e o tirano, olvidando que Cheréa se chamava Cassius, ordenou a morte do primeiro, não se importando com a justiça, nem com a inocência da vítima.

Cheio de terrores noturnos, vendo a todos os instantes a morte diante de si, o feroz sucessor de Tibério desconfiava de tudo e de todos. Nem mesmo da sua família, depunha confiança.

Calígula arrastava uma vida contínua de sobressaltos e temores. O sossego e a tranqüilidade haviam desaparecido do seu espírito. Qualquer acontecimento singular era para ele um presságio mais ou menos nefasto. Suspeitoso sempre, ele não hesitava em sacrificar aos seus contínuos receios o mais inofensivo dos seus súditos.

Compreende-se, daqui, que os conjurados deveriam esperar pacientemente a hora em que pudessem libertar-se do terrível doido, que os oprimia com um jugo mais que intolerante.

Finalmente bateu a hora em que devia ter lugar o ensaio.

Calígula, apesar de indisposto, a rogo de seus mais íntimos cortesãos, levantou-se, de mau grado, para assistir ao espetáculo.[37]"

— Deixo-os agora. Continuem com a história. Que Deus os abençoe, grato, muito grato."

Ao ouvirem a notícia de que o Imperador desceria, Cheréa e Sabino se entreolharam satisfeitos.

— Está tudo como queremos, vai dar tudo certo.

— Mas teu filho está presente...

— Ele será testemunha. Não o poderão atingir. Tudo quanto tenho está em nome dele, registrado. Sei que ele se orgulhará do pai.

— Mas terá a maior saudade...

— O que tem que ser feito, será... vamos, todos estão preparados?

— Quando gritares "a mim", todos estarão.

— Eu quero trespassá-lo primeiro...

Tens a primazia... irei em seguida.

Marco e Fulvius, eram exaustivamente cumprimentados, já que possuíam grandes amigos, ali presentes. Um deles aproximou-se e tocando no ombro de Marco, fê-lo voltar-se.

— Julius! — exclamou o Tribuno recebendo em um abraço sincero o amigo.

— Que bom rever-te, Marco. Júpiter o ilumine sempre.

— E que Deus o abençoe sempre, querido amigo. — Julius o olhou admirado. Que deus? Mas Marco foi rápido: — Aqui está o Fulvius, que já conheces.

---

[37] Henrique Perez Eserich - convidado pelos irmãos Marco e Fulvius.

— Fulvius...

— Como vais, centurião?

— Muito bem, amigo. A propósito, pensava em procurar-te.

— E para que?

— O homem que trouxeste preso, confessou tudo. Só que o responsável por tudo, escapou, desertou de nossas legiões. Mas, para onde for, será encontrado.

— É uma pena!

— E quanto à dama, a filha do Senador Apolônio?

Fulvius pigarreou, olhou o irmão e os dois amigos. Demorou-lhe a responder.

— Então? Não tiveste mais notícias dela? Ou terá fugido com o desertor?

— Não, não — retrucou Fulvius — ela hoje desabrocha em tão lindas flores...

— Brincas, amigo Fulvius?

— Não, centurião, não, perdoa. É que retiramos a queixa contra ela...

— Desabrocha em tão lindas flores... — repetiu o centurião — Não vos entendo. Uma mulher má como aquela...

— Pois é, amigo Julius... agora ela cuida de flores, responsável direta pela fecundidade da terra em que estas vivem...

— Tornou-se jardineira?

— Podemos dizer que sim...

— Mas assim, sem rancores?

— E a que nos levaria o ódio e os rancores? — interrompeu Marco.

— É verdade — concordou Julius. — Então, toda a queixa está tirada?

— Completamente...

— Não vi esta senhorita no sepultamento do pai... — e o centurião segurou o queixo com o indicador e polegar da mão direita. — E todos os bens da família ele deixou para ela. Se não reclamar em tempo hábil, passará ao Império...

— Ela sempre soube disto.

— E só ela poderá resolver... Se a virem, avisem-na.

— Assim faremos.

— A propósito, amigo Marco... Conheceis um soldado por nome Lívio?

— Lívio? — respondeu o Tribuno pensativo. — Não, não me lembro.

— É um jovem, sincero. Ele esteve no ataque que fizeram os legionários nas catacumbas... Um tal Cipião morreu nos braços dele...

— Cipião? — exclamou alto o oficial.

— Sim, era um seguidor das doutrinas do Jesus da Galiléia, Nazareth, não lembro.

— O que há com o soldado? — perguntou Fulvius dando um passo à frente, sério.

— Não há nada, tenha calma, amigo Fulvius. Ele contou-me todo o sucedido. Foi uma imensa maldade. Queria inclusive deixar as fileiras da Legião, perdera até o capacete...

— E que fizeram com ele?

Julius sorriu, e pondo a mão no ombro de Marco disse:

— Lívio é um homem valente. Disse-me ter sido batizado, se é este o nome que dão, os cristãos, pouco antes deste Cipião morrer. Ele conduziu um outro, ancião, Josefo, para lugar seguro... Este Cipião, Marco, não esteve em tua casa?

— É verdade, esteve. Foi meu hóspede por alguns dias. O conheci em Jerusalém...

— Não me perguntes porque, eu sabia... Mas qual de vós vai dar o aval para que o soldado Lívio passe a decurião?

— Com toda a sinceridade — ripostou Marco — eu gostaria imenso de conhecê-lo...

— Eu também — confirmou Fulvius — e terei, com meu irmão, o maior prazer em darmos o nosso aval. Pode contar conosco.

— Eu sabia que poderia contar com ambos.

— Contamos, certa feita, contigo... Lembra-te?

— Posso contar um segredo?

— Segredo, Julius?

— Sim, sim.

— Somos todos ouvidos... e moucos.

Sério, Julius aproximou-se e pondo a mão direita na testa, abaixo do capacete, disse: Em Nome do Pai — desceu a mão até o coração — Do Filho — e nos ombros — E do Espírito Santo.

— Amém — responderam os quatro — e abraçaram-se.

— Bem, está na hora do ensaio. Volto a circular. O soldado os procurará...

— Esperamos, amigo Julius...

Capítulo VII

A MORTE DO TIRANO

Calígula, acompanhado por seu séquito, andava, com pernas bambas, demonstrando ainda não estar refeito das farras do dia anterior. Parou em frente ao dos atores, em sua maioria egípcios e etíopes, que esperavam o Imperador para dar início ao espetáculo. Pouco se importando com os oficiais da guarda pretoriana que, ajoelhados imploravam beijar-lhes as mãos, examinou por instantes os cômicos que tinha diante de si, falou-lhes brevemente, e seguiu caminho para o lugar de honra, onde um trono dourado o esperava.

Ao passar diante de Cassius Cheréa, este inclinou-se para beijar-lhe a mão; porém, o imperador seguiu adiante, sem dar atenção ao velho tribuno. Este, então, rapidamente tirou a pesada espada, dando formidável cutilada na cabeça do tirano. A confusão se fez, alastrando-se pelo salão. Cortesãos, medrosos, debandaram em fuga precipitada. Outros desembainharam suas espadas e foram em socorro de Calígula. Mas Cassius Cheréa havia gritado a frase combinada: "A mim" — Cornelio Sabino, ouvindo-a correu em direção ao amigo, dando ordem a seus centuriões para que atacassem os pretorianos, e, acercando-se de Calígula, que se debatia no chão, gritando por socorro, e enterrou sua espada no peito do tirano.

— Ai tens o que procuraste com teus crimes, infame. — O ferido ainda quis falar, mas não conseguiu. A vida lhe fugia, juntamente com o sangue abundante que jorrava das feridas e da boca. Atirado ao chão aquele "monstro" que chegou a governar o mundo, foi chutado, espezinhado no "corre-corre" de tantos quanto ali estavam, os que o queriam defender e os que quiseram matar. A azáfama era crescente. Os conjurados, em maior número, invadiram o palácio, sedentos de vingançca e puseram a correr aqueles que defendiam ainda o imperador morto. Cesaina, a mulher de Calígula, foi morta por um centurião, e sua filha, que no momento estava em seu colo, foi-lhe arrebatada e teve a cabeça esmagada contra a parede. — O ódio, há tanto tempo guardado, parecia uma grande represa que não agüentando seu peso, irrompera suas águas, em forma de fúria. Nas ruas, saíram a quebrar e destruir os templos, todos que apresentassem qualquer lembrança do feroz sucessor de Tibério. A notícia da morte do tirano espalhou-se pela cidade. A alegria reinava. Estavam livres daquele que os houvera feito tanto sofrer.

Diante da cena ocorrida no palácio, Marco e seus amigos tiveram que procurar abrigo. Protegidos por suas espadas, rechaçaram todos que contra eles se adiantaram. Félix, o gigante, atirava, com suas mãos, por cima de outros, aqueles que conseguia agarrar, protegendo o jovem Pietro, quase desmaiado pelo que vira o pai fazer. Finalmente a turba ensandecida deixou o palácio, onde antes haveria uma festa, transformara-se em sanguinolento campo após uma batalha.

— Jesus — exclamou Marco — vamos sair daqui, depressa.

— Félix — gritou Fulvius — vamos. Como está Pietro?

— Vamos sair, lá fora te digo. Ele está bem. Saíram. Nas ruas, apinhadas de pessoas, a custo chegaram às bigas.

— Mas que coisa! — exclamou Marco.

— Por Deus, jamais vi coisa assim — ajuntou Fulvius.

— Não conversem, vamos, saiamos daqui o mais depressa possível. Logo os Pretorianos estarão chegando. E Pietro merece atenção. Vamos e logo.

— Vamos pela primeira ruela que encontrarmos. Será mais fácil a defesa.

— Para as termas de Dionísio — gritou Fulvius já comandando os cavalos de sua triga.

— Vamos...

✣ ✣ ✣ ✣ ✣

— Então, irmão... o que acontecerá agora?

— Não sabes?

— Ora, se perguntei...

— Rei morto, rei posto...

— Ora, isto é natural. Quero saber o que vai acontecer ao rei morto...

— Estará, dentro em breve, diante daqueles a quem tanto prejudicou. Como sofrerá, oh! Deus...

— E merecidamente...

— Sim, merecidamente, pelos atos que praticou. Teve tudo nas mãos, foi praticamente o dono do mundo, podendo fazer tanto bem a tantos.

— Será que jamais aprendem?

— Não digas isto, aprendem sim... um dia. Nada que se faça, contrário aos mandamentos de Deus, fica sem punição... Auto punição, quero dizer. Deus não interfere, senão para ajudar. O homem tem seu livre-arbítrio.

— Sendo assim, todos os tiranos anteriores...

— Estão pagando — interrompeu a outra entidade. — Ninguém esconde de ninguém, por mais que tente, uma verdade. Os que assim pensam, esquecem-se de que a vida corpórea não é única. O corpo fenece, o espírito continua... e um dia, a mentira será revelada.

— E então...

— Então, a acareação será feita. E quem estiver em situação melhor, menos mal... Mas que vai doer muito, vai. Não há regra específica.

— Ah! irmão, e o amor?

— O amor... é o sentimento mais puro, sem nenhuma mácula... é só o amor. Não o existe por dinheiro, por conveniência, ou outro qualquer adjetivo. O amor é só amor.

— Obrigado, irmão.

— Esteja com Deus, irmão.

✣ ✣ ✣ ✣ ✣

Roma, sabendo do ocorrido, parecia ter saído às ruas, através de seus habitantes.

A azáfama era total, correria geral. Os quatro amigos, a custo, conseguiram chegar às termas de Dionísio, apeiando, nervosos. Só o proprietário ali estava. Reconhecendo Marco, achegou-se, solícito e medroso:

— Meu caro tribuno — disse segurando as mãos uma na outra — Que desgraça!

— O que houve? — inquiriu Fulvius brincalhão.

— Minha casa estava cheia... — esbravejava o homem — quando chegou a notícia de que haviam assassinado o imperador.

Sem se importarem com que dizia o homem, entraram.

— A água está quente?

— Sim, sim.

— Traze-nos uma boteja de vinho.

— Mas não ouviram o que eu disse?

— Sim... redargüiu Fulvius, enquanto Félix quase carregava Pietro e Marco adentraram o estabelecimento. — E então?

— Assassinaram o imperador — repetiu o homem enfaticamente.

— Sossega, nada temos a ver com isto...

— Sei, sei. Mas...

— Traze a botija de vinho, Silo. — E afastou-se.

Sentados, Félix observou:

— Parece-me que o nosso amigo está em choque...

— Pudera — ajuntou Marco — depois de presenciar o que aconteceu...

— Ele é forte, vai superar isto — comentou Fulvius — que tal um banho frio?

— Pronto, senhores, aqui está o vinho — disse Silo, chegando. E, notando Pietro com os olhos fixos em algo qualquer, pálido, perguntou: — Que tem o jovem? Está doente?

— Assim parece, mas reagirá. É o estômago. Assim que tomar um copázio de teu vinho e um banho frio, estará bom.

— Frio? — inquiriu o proprietário — frio não, vou preparar a piscina de água tépida, com bastante sais, ele logo estará bom, verão.

— Ótimo... e com bastante eucaliptum...

— Assim será. — O homem já ia saindo, quando Fulvius perguntou:

— Então, assassinaram o imperador?

— Pois não foi? — respondeu torcendo as mãos — Toda Roma está em polvorosa.

— Notamos... mas, como estamos chegando de viagem...

— Ah! Ficai por aqui, tribuno. Sendo os senhores militares, por certo sereis convocados. A casa estava cheia... logo todos se foram ao saberem do acontecido.

— É o que pretendemos fazer — e enchendo o copo, tomou grande gole. — Vai, prepara a água.

— Se quiserdes, mando alguém à tua casa buscar roupas normais...

— Agradecemos, Silo. Não é necessário. Prepara a água.

O homem saiu.

Ficaram bebericando, quase em silêncio. Pietro foi melhorando. Começou a chorar convulsivamente. Não o molestaram. Deixaram-no dar vazão à sua mágoa. Até que ele, entre soluços exclamou, atirando-se aos braços de Fulvius:

— Meu pai... meu pai, por que ele fez aquilo?

Fulvius apertou-o ao peito, aceitando o abraço do jovem, diante dos olhares dos outros dois.

— Calma, Pietro, calma.

— Como, Fulvius, como? — gritou fora de si o rapaz, esmurrando a couraça peitoral do oficial. — Meu pai, meu pai matar um imperador?

— Ele não o matou, Pietro...

— Como não? Eu vi tudo...

— Ele deu a primeira cutilada — disse Félix achegando-se — mas não o matou...

— O Sabino foi quem completou — disse Marco.

— Mas foi meu pai — berrava fora de si Pietro.

Fulvius segurou-o fortemente pelos punhos e gritou:

— Teu pai esmagou uma barata... Pense no mal que ele, Calígula, fez a tantos. Viste na ponte, estavas lá. Tu poderias agora estar entre aqueles cadáveres. Sabes o que fez a teu pai, digno seguidor. Quem agüentaria isto?

— A água está pronta, tribuno — disse o dono da terma, assustado.

— Não te apoquentes — recomendou Marco — e não deixeis entrar ninguém...

— Certo, eu já ia mesmo fechar...

— E fiques conosco, Silo. Não te arrependerás.

— Claro, tribuno Marco, claro. Vou fechar tudo.

Levaram Pietro para a piscina e o atiraram às águas tépidas e perfumadas com a essência do eucaliptum.

— Nada, mergulha, respira, Pietro. Quando calmo estiveres, toma minha mão e sobes. — disse Fulvius.

O rapaz fez como recomendado. Mergulhou, nadou, aspirando os vapores das essências que lhe desobstruiriam as vias respiratórias.

— Coitado — comentou Marco — Certamente vai perder o pai.

—Isto é quase certo. O Senado não o perdoará... — ajuntou Fulvius.

— Que será dele? — perguntou por sua vez o gigante Félix.

— Só sei, meu amigo, que, haja o que houver, ele não ficará desamparado. O pai deixou documentado, tudo para ele. Quanto ao calor humano, ele o terá em minha casa... o tempo que quiser.

— Mais um, meu irmão? — inquiriu Fulvius tirando as roupas — Já tens tantos, irmão. O Josefo, os dois meninos... Este Pietro, eu quero. Ele ficará comigo.

— Mas Fulvius, teu sítio é longe...

— Bobagem. É grande, e a companhia de legionários é ali perto...

— Pretendes pô-lo nas fileiras?

— Como não? Ele estudará, e já com suas aptidões, cedo será decurião. E viverá conosco...

— Pelo que vejo, é melhor tirar a sorte para ver quem fica com o rapaz — atalhou Félix — e nem ao menos perguntaram a ele quais seus planos...

— Félix tem razão... nem sabemos ainda qual será o destino de Cassius Cheréa, e já estamos a fazer planos — disse Marco.

— O destino dele? — respondeu o irmão — não é preciso adivinhar... será executado com certeza.

— E nem sequer temos a certeza de quem será o novo imperador...

— Tenham calma — recomendou Félix — o rapaz vem vindo.

Pietro saia da enorme piscina térmica. Passando as mãos no rosto, aproximou-se dos amigos. Seu semblante mais parecia uma máscara rígida. Fulvius entregou uma toalha.

— Como está agora, rapaz?

Ele tentou um sorriso, que apenas esticou um lado dos lábios.

— Não sei, retrucou.

— Vem, toma um pouco de vinho conosco. Far-te-á bem. Depois iremos para nossa casa, onde ficarás por enquanto. Quando as coisas esfriarem, veremos o que fazer.

— E meu pai?

— Nada posso dizer-te. Mas, devido às circunstâncias, podes esperar o pior.

E Marco não se enganou.

Quando a noite escureceu toda a terra, alguns homens enviados pelo senado romano penetraram no palácio, portando archotes e se dirigiram, cautelosamente para a sala abobadada, onde havia acontecido o combate entre os conjurados e homens de Calígula. O silêncio era completo. E à luz bruxuleante dos archotes deram com uma cena dantesca. Vários corpos sem vida, ensanguentados ali jaziam. Entre todos, um se destacava, contendo mais de trinta feridas. Era Calígula. Os homens rapidamente o enrolaram em uma cortina, e o levaram para os jardins do palácio, ali abrindo uma funda cova, na qual depositaram o cadáver, cobrindo com terra, e com grama.

— Está cumprida a ordem do Senado — disse um — Amanhã ninguém saberá onde encontrar o corpo de Calígula.

— Não acredito — replicou outro.

— E por que não? O Senado não quis assim?

— É verdade... no entanto acredito que não vai demorar muito, teremos outro imperador. Os senadores querem a república, desejando apagar toda a memória dos Cesares, e inicia logo mandando ocultar o corpo de Caio Calígula. Tenho que rir.

— E por que?

— Ora, amanhã, verás, todos saberão onde ele está, e até mesmo o senado vai mandar desenterrá-lo para fazerem um funeral com toda a pompa.

Capítulo VIII

CONSIDERAÇÕES FINAIS

Horas depois, aqueles que haviam sepultado o corpo do monstro Calígula, regressaram ao Capitólio onde todo o senado estava reunido, com o intuito de decidir o destino do império. A gritaria era geral, nas arquibancadas onde aqueles senhores de toga branca discutiam uns com os outros, a tudo fazendo crer que não entravam todos no mesmo pensamento. Uns gritavam pela república, outros pelo império, os conjurados, aproveitando-se da discussão, tentavam induzi-los a proclamar de imediato outro imperador. Queriam e já haviam combinado que ao grito de "viva o César Augusto" dado pelas legiões seria o fim da república. Não foi necessário esperar muito para que este grito saisse das gargantas dos soldados, fazendo, então, com que o cetro dos Cesares, em vez de cair, continuou firme. Houve discussões, divergências, mas as legiões acampadas no campo de Marte, revoltadas, encaminharam-se para o Capitólio, e proclamaram, à força, imperador, a um filho de Drusus, fazendo o senado reagir, mas, tarde demais. Todos os soldados e praticamente a plebe romana invadiram o Capitólio gritando o nome de Claudio Drusus como imperador. Que fazer? A república caíra. E os senadores tiveram, se bem contra suas próprias convicções, nomear Claudio imperador. Que lástima! E logo mandaram desenterrar o cadáver de Calígula, queimar seus restos, guardando suas cinzas para por fim, fazer-lhe pomposos funerais.

— Não te disse? — disse um dos homens que enterraram o cadáver — que os senadores seriam os primeiros a desenterrar Calígula, para usarem após de todo esplendor?

— É verdade — respondeu o outro.

— E queriam a república!...

— Falai baixo. Qualquer palavra imprudente será agora sentença de morte.

Terminada a cerimônia, cada qual foi para seu lado. E aquele que primeiro vaticinara o ocorrido, disse para consigo mesmo:

— Roma, Roma, teus filhos já não são homens livres, mas sim escravos.

Já em seu trono, aureolada a fronte com a coroa de louros de imperador, Claudio, o marido da celebérrima Messalina, mulher impura, recebia dos comandados o juramento de fidelidade de toda a tropa. Cada soldado recebeu no ato quinze mil sestércios! Prometeu anistiar a todos, mas justiçar alguns. Cassius Cheréa perdeu a vida debaixo do cutelo do algoz.

Os reis aliados e tributários pessoalmente o visitaram. Entre eles, outro monstro de crueldade, foi agraciado, tendo sido anexado a Jerusalém, seu reino, o da Judéia e Samaria. Era Herodes Agripa. Os cristãos que se cuidassem. Jerusalém, em breve iria ver e sentir, entre seus muros, a renovação do ódio contra os seguidores de Jesus.

✣ ✣ ✣ ✣ ✣

Algum tempo depois, reunidos na ampla varanda da mansão dos Silônius, Fulvius se despedia:

— Irmão, quantas aventuras!

— E quantas desventuras, irmão querido. — e abraçaram-se demoradamente.

— Estamos ficando velhos? — inquiriu o gigante Félix.

— Velhos, por que?

— Ora — volveu o ex-gladiador — é que só os velhos choram... Tens, os dois, lágrimas a cair dos olhos, e eu, também...

— Não somos velhos, tio e também choramos — disse Nádia abraçada a Glauco — e, se bem vêdes, todos choram...

Fulvius olhou o irmão, e soltando-o, dirigiu-se à esposa daquele:

— Então, escrava, quanto vales agora?

Dize, pagarei a teu amo quanto pedires.

Lavínia sorriu e o estreitou nos braços.

— Quanto eu pedir? — Todos olhavam sorrindo, aquela cena.

— Sim, quanto pedires...

— Bem, — respondeu ela afastando-o delicadamente de si, mas com as duas mãos em seu rosto, segura pela cintura do oficial — o meu preço é agora bem maior. Já não sou só uma. Trago alguém dentro de mim, fruto do amor inenarrável meu e de teu irmão; Tenho, também — e consideres isto — o amor fraterno de Virna, anjo divino, do meu pai Félix, da minha mãe, do Talito, e esposa, do Josefo e esposa, do Glauco e Nádia, do Pietro, de todos... também do Nicro — (este latiu)... e queres saber ainda do meu preço?

— Não — e ele encostou o lado da face no peito da cunhada. — Não, eu não teria tanto para pagar... — e prorrompeu em um pranto sincero. Ela pôs uma mão em sua cabeça e continuou:

— Somos uma família que o infortúnio uniu. Deus sabe o que faz.

— É verdade... — murmurou ele — Deus nos uniu, e a tantas outras pessoas. Nada pago, nada tenho que possa valer o que sem pagar tenho... a amizade e o amor tão puro que dedico a todos. Nem quantas vidas tiver, jamais pagarei o carinho, o amor que, sei, dedicam também a mim.

Virna, comovida, correu e abraçaram-se os três, chorando. Nádia abraçou-se a Glauco. Míriam, segurando a enorme mão de Félix, comovida, disse:

— É, meu velho, não tenho mesmo tempo de ficar velho... — ele a olhou sério e respondeu:

— Velho, eu? Já te olhaste no espelho? Velha és tu — e abraçando-a: — Velha como o tempo em que existias e eu não sabia. Velho é o tempo, novos somos, Míriam, diante de tudo e de todos. Eu te amo.

— Bem, agora, vou-me — exclamou Fulvius — o Pietro vai conosco. Já tudo acertamos.

— Eu me encarregarei dos bens dele no Senado — prometeu Marco.

— Será o fim do "Senhor da Triga"? — brincou Lavínia.

— Marco, meu irmão, dize à tua esposa que o "Senhor da Triga" renascerá sempre que alguém tente algo contra a nossa família.

— Obrigado, irmão — e Marco abraçou-o.

— Aqui se despede, por pouco tempo, também, o "Terror de Roma" — gargalhou Fulvius, dando um grito de dor ao ser beliscado por Virna.

FIM

DAG GRÁFICA E EDITORIAL LTDA.
Av. N. Senhora do Ó, 1782, tel. 857-6044
COM FILMES FORNECIDOS PELO EDITOR
Imprimiu